뾰족하게 다정할 것

© 신혜림 2025

이 책은 저작권법에 의하여 한국 내에서 보호를 받는 저작물이므로
무단전재와 복제를 금합니다. 이 책 내용의 전부 또는 일부를 이용하려면
저작권자와 도서출판 유유의 동의를 얻어야 합니다.

뾰족하게 다정할 것 신혜림 지음

봐야 할 것을 보게 하는 채널,
'씨리얼'이 일하는 법

들어가는 말
뾰족한 시선으로
다정하게 접근하기

 남들이 안 보는 걸 보게 만들 방법이 뭘까. 유명한 사람이 나오는 것도 아니고, 돈 버는 얘기도 아니고, 심지어 종종 정치적인 이야기까지 하는 채널이 어떻게 살아남을 수 있을까. 씨리얼 채널을 운영하며 찾은 답은 간단했다. 바로 남을 특별하게 만드는 것. "내가 이래요"가 아니라 "이 사람 좀 보세요"라고 말하는 것. 묻힐 뻔한 이야기에 확성기를 달아 주는 것.

 요즘은 마음만 먹으면 누구나 주인공이 될 수 있다. 일상을 찍고, 돋보이고 싶은 부분만 편집하고, 얼굴을 도려내 섬네일로 만들고, '나는 이런 사람'이라고 강조하는 제목을 단 영상을 업로드하면 된다. 하지만 나는 이렇다고 하는 것 이상으로 저 사람은 알고 보니 이런 사람이더라고 말하는 스토리텔링은 강력하다.

씨리얼 채널은 바로 이걸 무기로 성장했다. 주목 경쟁에 뛰어들기보다 일부러 관심 갖지 않으면 묻혀 버리는 사람과 이야기에 주목했다. 오히려 그게 차별점이 되어 지금까지 살아남았다. 취재 과정에서 마주한 타인의 삶은 언제나 소중해서, 최대한 능력껏 다듬어 확성기를 달아 주고 싶었다. 그렇게 잘 들리지 않는 내용을 벼려 내는 일을 한 지 어느덧 10년이 되었다.

미국의 한 연구팀이 추산한 바에 따르면 2024년 중반 기준 유튜브에 등록된 콘텐츠는 약 148억 개쯤된다(구글은 이 통계치를 공개하지 않는다)[1]. 유튜브 장기 집권 시대는 좀처럼 저물지 않는다. 한 플랫폼 내 콘텐츠가 과포화될수록 제작자들은 더욱 유명한 사람이나 말 잘하는 사람에게 의존하게 된다. '마라맛' 소재도 필수다. 이런 기형적 시장에서 살아남으려면 제작 방식이 매우 정교해야 한다. 한마디로 뾰족하지만 다

---

1 「'유튜브 20주년', 구글은 감추고 싶은 유튜브의 비밀」, 『BBC코리아』, 2025.2.16.

정한 콘텐츠를 지향해 온 셈이다.

이 책은 그 방법론을 담았다. 어떻게 사람들이 외면하는 주제를 매력적으로 포장할 것인가. 열악한 제작 조건에서 어떻게 그럴듯한 콘텐츠를 만들어 낼 것인가. 비슷한 처지의 제작자를 종종 만난다. '사람들이 안 볼 것 같은 주제를 보게 만들어야 하는' 미션을 수행하는 사람들 말이다. 알려지지 않은 것을 알려야 하는 무명 스타트업 마케터도 있고, 돈 안 되는 것을 중요하게 여기는 비영리단체의 활동가도 있다. 그동안 실무에 치여 사느라 제대로 된 답변을 주고받지 못했는데, 누구에게라도 조금이나마 도움이 되었으면 하는 바람으로 정리해 보았다.

1부는 기획의 시작에 관한 이야기다. 아이템은 어디서 얻는지, 기획안은 어떻게 쓰고 주고받는지 같은 물음에 대한 나름의 답을 정리했다. 2부와 3부에서는 구체적인 제작 후기를 풀었다. 어쩔 수 없이 조금 더 개인적인 동기와 내밀한 감정이 담긴 데 미리 양해를 구하고 싶다. 마지막 4부에서는 저널리즘 콘텐츠를 만드는 사람으로서 스스로에게, 사회에 던져 온 질문을 다뤘다. 사람들이 보고 싶어 하는 것과 알아야 할 것 사이에서의 조율, 좋은 콘텐츠와 조회수의 양립 가능성, AI 시대 인간만의 고유한 영역 같은 고민이다.

없는 형편에 기획부터 편집, 업로드까지 콘텐츠 제작 전 과정을 혼자 책임져야 하는 누군가에게 가장 큰 공감을 얻지 않을까 싶다. 꼭 일 때문이 아니더라도 나와 주변의 이야기를 특별한 포장지로 싸서 세상에 내보이고 싶은 사람, 복잡한 이슈를 쉽게 풀어내는 콘텐츠를 만들어 보고 싶은 사람에게도 도움이 되길 바란다. 무엇보다 부당한 것을 부당하다 말하고, 힘없는 누군가를 콘텐츠로 응원하고 싶은 사람, 다양한 사람이 함께 부대끼는 세상을 상상하고 싶은 사람이라면 더욱 좋겠다.

⟨ **목차** ⟩

들어가는 말 뾰족한 시선으로 다정하게 접근하기 • 006

1부 콘텐츠의 탄생

1 육각형 기획자 • 014
2 헤테로토피아를 찾아서 • 021
3 직관을 해체하기 • 027
4 발제의 조건 • 040
5 시점과 지점, 콘텐츠 기획의 두 기둥 • 048
6 손과 머리는 하나 • 057

2부 나에게서 타인으로

7 나, 라는 고유한 도구 • 064
8 첫 인터뷰 • 069
9 인터뷰하는 마음 (1) • 076
10 인터뷰하는 마음 (2) • 086
11 출연할 결심 • 096
12 그릇에 대하여 • 105
13 이렇게 사는 것도 방법이다 • 113

3부 콘텐츠 짓는 마음

- 14 말하기와 듣기의 관계 • 122
- 15 인생을 빌드업하는 기술 • 129
- 16 복잡함을 풀어내기 • 136
- 17 리듬과 배열 • 144
- 18 점을 연결하는 일 • 150
- 19 설득적인 디자인 • 156
- 20 변하는 방식으로 말하기 • 167
- 21 유튜브에서 만난 천재들 • 176

4부 모두를 위한 저널리즘

- 22 뉴스 보는 법 (1) • 186
- 23 뉴스 보는 법 (2) • 199
- 24 원고라는 공유지 • 208
- 25 본질을 가운데 놓기 • 219
- 26 요약이라는 양날의 검 • 228
- 27 빚지고, 선택하고, 나아가기 • 235

나오는 말 타인의 세계가 넓히는 나의 세계 • 241

1부

콘텐츠의 탄생

1 육각형 기획자

"심사위원에게 가는 길은 길었어요. 가끔은 '잠깐만, 돌아가서 뭔가 고치고 싶다'는 생각이 들기도 해요. 하지만 한번 걷기 시작하면 끝까지 걸어야 하죠."

—에드워드 리 셰프, 『흑백요리사』 10화

콘텐츠 제작도 마찬가지다. 기획부터 업로드까지, 되돌아가고 싶은 순간이 찾아온다. 그래도 끝까지 걸어야 한다. 거창한 이유는 없다. 마감 시한이 턱끝까지 차올랐기 때문이다.

2024년 가을을 휩쓸었던 넷플릭스 예능 『흑백요리

사』. 그 속에서 셰프들은 완벽한 1인 제작자다. 독창적인 요리를 만들어 내기 위해서 신선한 재료를 고르고, 그 재료를 조합해 적절한 요리 방식을 결단해 실행하며, 먹음직스럽게 플레이팅까지 해낸 뒤 이 모든 과정을 그럴듯한 스토리텔링으로 엮어 낸다. 그렇게 만들어진 한 접시에는 각자가 걸어온 길이 고스란히 담겨 있다.

우리 팀 제작자도 마찬가지의 길을 걷는다. 제한된 시간과 재료로 그럴듯한 결과물을 만들어 내야 한다는 압박감, 가치과 대중의 입맛 사이에서의 딜레마…… 주어진 조건 안에서 창의성을 발휘하며 완성도 높은 요리를 만들어 가는 과정은 기획부터 편집까지 거쳐야 하는 콘텐츠 제작 여정과 놀랍도록 닮아 있다.

어쩌다 방송국에 소속되어 PD 직함을 달긴 했지만, 보통 방송국 PD와는 다른 방식으로 일하고 있다. 보통 PD라고 하면 기획과 연출을 떠올린다. 원고는 작가가 쓰고, 카메라는 촬영감독이 들고, 편집감독이 따로 있는 경우도 있다. CG는 더더욱 그래픽디자이너의 몫이다. 각각의 전문성을 발휘하는 이들이 모였을 때 PD의 역할은 종합적인 그림을 그리는 것이다. 하지만 우리 팀은 지금까지 작가, 촬영감독, 디자이너, 모션그래퍼 없이 운영되어 왔다.

보통의 영상 콘텐츠는 크게 다음과 같은 6단계 과정을 거쳐 만들어진다.

기획 > (섭외) > 구성 > 촬영 > 편집(CG) > 배포와 확산

각 단계의 역량은 저마다 다르지만, 우리는 거칠게나마 전 과정을 혼자 해낼 수 있다. 물론 모든 일을 혼자 하지는 않는다. 협업 배틀에서 셰프들이 자신의 강점을 살려 역할을 맡은 것처럼 각자 주 무기가 따로 있다. 한 동료는 학구파라 지식과 정보를 빠르고 정확하게 엮어 낸다. 누구는 조명기기를 잘 다뤄서 평범한 사무실도 영화 같은 공간으로 만들어 낸다. 트렌드에 유독 밝은 사람도, 성격이 서글서글해 출연자와 유독 진득한 라포르rapport를 형성하는 사람도 있다. 서로가 서로의 약점을 메워 줄 수 있는 구조다.

이렇게 일하는 방식을 이야기하면 반응은 둘로 갈린다. 누군가는 "그걸 다 할 줄 안다고?"라며 놀라고, 누군가는 "굳이 그렇게 일한다고?"라며 의아한 눈치

다. 올인원 제작 구조는 분명 한계가 있다. 프로젝트 규모가 클수록 전문 분업은 필수이기 때문이다. 하지만 제작팀 규모가 작을 때는 강점이 뚜렷하다. 특히 시사교양 분야에서는 여러 이야기를 하나의 흐름으로 엮어 내는 역량과 기동력이 중요하다. 급작스럽게 새로운 사안이 터져 빠른 기획안이 필요할 때, 새로운 인터뷰이가 나타나 누구라도 촬영에 나서야 할 때가 잦다. 기획과 구성, 편집이 끊임없이 뒤섞이는 과정에서 일의 전체 흐름을 이해하고 기술까지 겸비한 사람들이 모여 있으면 불필요한 소통 과정을 최소화할 수 있다. 영역 침범이라고, 내 일이 아니라고 기싸움할 일 없이 척하면 척 쫀쫀한 구성이 가능해진다.

  방송사만 벗어나도 우리처럼 일하는 기획자가 훨씬 많다. 사실 요즘 참신한 기획은 유튜버 같은 1인 제작자한테서 더 많이 나온다. 자신이 좋아하고 잘하는 것을 재료 삼아 스스로 작가 겸 촬영감독, 편집자, 연출자가 되어 스토리를 풀어냈을 때 매력은 극대화된다. 어느새 극소수 정예를 제외하면 기획만 할 줄 알아서도 안 되고 제작만 잘해서도 안 되는 시대가 됐다. 다만 이 흐름은 부당한 기대의 근거가 되기도 한다. 이제는 혼자 기획부터 제작까지 책임지고 퍼포먼스를 내놓는 '콘텐츠 일꾼'이 회사마다 존재하는 것 같다. 썩 바람직한 현상은 아니다. 합리적인 판단에 근거해서가 아니라 사람 한 명 뽑아 놓고 모든 것이 굴러가길 기대하는 심리에서 비롯한 채용일 터. 이런 환경에서 일하다 보면 다재다능 전문가로 인정받는 건지, 잡일꾼으로 전락한 건지 종종 헷갈릴 때가 있다.

그간 한창 일을 배울 나이에 사수 없이 홀로 기획과 제작을 도맡아야 하는 사회 초년생을 종종 만났다. 그들은 비슷한 고민을 토로했다. 뭔가 만들고는 있는데 뭐가 문젠지 모르겠다고. 내가 뭐 하는 사람인지도 모르겠다고. 실은 해 줄 말이 많지 않았다. 정체성 고민은 나 역시 여전하기 때문이다. 난 뭘 하는 사람일까? 내가 PD인가? 한마디로 PD라는 직업이 애매해졌다. 누구나 기획할 수 있고 누구나 PD가 될 수 있다면 내가 존재하는 이유는? 취재기자만큼 박력 있게 취재를 잘하는 것도 아니고, 작가만큼 글을 잘 쓰는 것도 아니고, 촬영감독만큼 때깔 좋은 촬영을 해내는 것도 아니고. 아니, 근데 다른 회사 PD는 이러이러하게 일한다던데 나는 왜……

하지만 꼬리에 꼬리를 물던 고민은 이런 순간에 잠시 싹둑 잘린다. 문득 너무 하고 싶은 아이템이 생겼을 때(기획). 만나 보고 싶은 사람을 마침내 만났을 때(섭외). 빌드업이 찰떡같이 맞아떨어졌을 때(구성). 따스한 자연광이 렌즈에 완벽히 담겼을 때(촬영). 영상을 새벽까지 편집하며 혼자 울고 웃을 때(편집). 그렇게 만들어 내보낸 콘텐츠에 달린 진심 어린 댓글을 읽을 때(배포와 확산). 이도 저도 아닌 것 같다는 정체성 고민은 잠시 사라지고, 작은 행복이 일하는 시간을 채운다. 그러다 보면 내 안의 작고 귀여운 육각형이 어느새 또 조금은 커져 있었다. 그렇게 10년이 뚝딱 지났다.

생각해 보면 모든 행복은 언제나 좋은 기획에서 시작됐고, 나는 그 기획을 소소하게나마 구현할 제작 역량을 가진 육각형 기획자다. 콘텐츠를 직접 만들어 본 경험이 주는 가장 큰 선물은 '해낼 수 있다'는 자신감이었다. 콘텐츠로 작은 성취를 이루면 다른 형태의 일도 마음만 먹으면 가능하다는 막연하지만 단단한 자신감이 차곡차곡 쌓인다. 이러한 자신감은 내 일을 즐기고 사랑할 수 있는 마음, 나아가 삶을 즐길 수 있는 마음으로 이어진다.

  우리 팀 모두가 육각형 기획자지만, 저마다 중점 역량도 다르고 기회도 다르게 찾아왔다. 따라서 우리가 앞으로 어떻게 성장할지는 아무도 모른다. 그건 나도, 이 글을 읽으며 공감할 당신도 마찬가지일 것이다. 확실한 건 이 길을 성실히 걷고 있다는 사실 자체가 유일한 답이라는 점이다.

2

헤테로토피아를
찾아서

2018년 겨울, '외롭지 않은 기획자 학교'라는 곳에 초대받은 적이 있다. 회사 밖, 학교 밖에서 실무를 배우고 싶어 하는 여성 기획자를 위한 자리였다. 강의에 앞서 주최 측으로부터 질문을 받았다. "인생 최초의 기획은 무엇이었나요?" 처음 받아 보는 질문이었다. 잠시 생각하다 적었다. "『해리 포터』에 한창 빠져 있던 열두 살 때 사람들과 정보를 나누고 싶어 만든 팬페이지." 영어도 모르는 초딩이 한 자 한 자 사전을 찾아가며 영국 소식을 전달했던 '파이어볼트'. 지금은 흔적도 없이 내 기억 한편에만 남은 나만의 헤테로토피아다.

헤테로토피아는 '다른, 낯선'을 뜻하는 헤테로스heteros와 '장소'를 뜻하는 토포스topos의 합성어다. 일상과 대비되는 대항 공간, 반反공간이라는 뜻이다. 있길 바라지만 어디에도 없는 유토피아와 달리 헤테로토피아는 어디에도 없을 것 같지만 실재하는 장소다. 이 개념을 제시한 푸코는 다락방 한가운데 놓인 인디언 텐트나 부모가 없는 부모의 넓은 침대를 예로 든다. 뛰어오르면 하늘이 되고, 침대보 사이로 헤엄치면 대양이 되고, 이불을 뒤집어쓰면 밤이 되는 곳. 부모한테 들키면 혼나기 때문에 더욱 짜릿한 곳. 아이들은 이미 완벽하게 알고 있는 곳.

아주 어린 시절에는 냉골의 작은 창고방이 그랬다. 기름을 아끼느라 식구들이 한방에 모여 지낼 때 나 혼자 그곳에서 동화책을 읽고 장난감을 가지고 놀았다. 컴퓨터를 만나고 나서는 홈페이지가 그랬다. '웹페이지'라는 개념을 처음 알게 됐을 때 느꼈던 해방감은 아직도 생생하다. 이토록 광활한 공간이 클릭 한 번에 주어지다니! 온갖 움직이는 글씨, 이미지, 게시판 따위를 자유롭게 채우고 배치할 수 있다는 게 너무나 신기했다. 엄마 몰래 새벽까지 홈페이지를 만들다 마우스

줄이 잘려 나간 적도 있으니 스릴 넘치는 쾌락이기도 했다.

어른이 된 우리는 여전히 헤테로토피아를 갈망한다.[2] 오히려 더 절실할지도 모르겠다. 집을 두고 캠핑을 떠나 새로이 펼치는 아늑한 텐트. 텁텁한 일상과는 다른 특별한 순간만 담아 두는 인스타그램 계정. 요즘 대세는 아무래도 유튜브.

많은 책에서 자신의 서사를 스스로 편집할 권리를 이야기한다. 현실은 녹록지 않다. 우리는 작은 단서만으로 타인에게 쉽게 규정당하고, 스스로도 자신이 어떤 사람인지 모른 채 하루하루를 살아간다. 그래도 이전과 달리 일상을 직접 편집한 결과물을 내보일 수 있는 공간이 누구에게나 생겼다는 점, 그것이 유튜브의 순기능일 테다. 내 집 마련은 먼 얘기여도 유튜브에서는 동등하게 채널을 개설할 수 있으니까. 그 공간에서만큼은 나만의 밀도로 이야기를 쌓아 갈 수 있다. 말

---

[2] 푸코는 헤테로토피아를 긍정적인 개념으로만 보지 않는다. 헤테로토피아는 현실에 실재하지만 일빈적 공간 질서와는 다른 방식으로 기능하는 장소들로서, 푸코는 사회적 배제와 억압을 강화하는 병원, 감옥 또한 예시로 든다. 자세한 내용은 『헤테로토피아』(이상길 옮김, 문학과지성사, 2023)를 참고하면 좋다.

주변이 없어도 다듬어 낼 수 있고, 아무도 들어주지 않던 말을 던질 수 있다. 영상을 이루는 폰트, 배경음악을 주체적으로 선택하는 설렘도 있다.

그렇게 만들어 올리는 것만으로 행복했을 조회수 100회 미만의 영상이 유튜브에는 넘쳐흐른다. 이번 주에 먹은 음식, OOTD, 소소한 깨달음 혹은 상당히 내밀한 고백까지. 사람들은 정말이지 부지런히 자신을 편집해 올린다. 영상 요소 하나하나에 담긴 정성이 느껴져 나는 가끔 그런 조회수가 낮은 영상을 일부러라도 클릭한다. 대개는 소박한 일상을 담은 중년 여성의 영상이다.

물론 이러한 갈망 해소 행위가 곧바로 훌륭한 기획으로 이어지지는 않는다. 누구나 기획을 할 수 있지만 누구나 좋은 기획을 할 수 있는 건 아니니까. 안성재 셰프가 한 말이 떠오른다. "도대체 무슨 의도인지 모르겠어요." "쓰잘데기 없는 것을 놓는 걸 굉장히 싫어해요." 기획에 대한 가장 날카로운 지적이 아닐까.

진정한 기획은 한 사람의 헤테로토피아가 다른 이의 헤토로토피아로 '이전'될 때 완성된다고 생각한다. 텐트의 아늑함을 나만 누리는 데 그쳐선 안 된다. 내가 그 공간에서 느끼는 정서적 안정을 타인도 함께 느끼거나 대리만족할 때 비로소 의미가 생긴다. 즉 대항 공간을 만들어 내고, 필요한 이에게 가닿고, 감정을 전이시키는 세 가지 요건이 모두 충족되어야 좋은 기획이다. 일일 방문자가 100명 남짓이었던 '파이어볼트', 그래도 100명 중 누군가에게는 그곳이 호그와트로 향하는 헤테로토피아이지 않았을까? 이러한 확신에서 나는 '파이어볼트'를 '내 최초의 기획'으로 떠올렸던 것 같다.

그럼에도 불구하고 기획의 출발은 언제나 '나에게 두근거림을 가져다줄 낯선 장소'라는 점을 강조하고 싶다. 새 기획을 위해 빈 종이를 마주할 때면 나는 어김없이 설렌다. 생각해 보면 지금 하는 일이 어릴 적과 크게 다르지 않다. 백지 위에 자유를 펼치고, 채우고 지우며 사람들에게 의미 있을 무언가를 만들어 가는 과정. 네모난 도형이 주는 그 자유로움에서 기분 좋은 상상이 시작된다. 그러다 곧 답답함을 느낀다. 이야기를 펼쳐 나가기에 종이 한 장은 부족하다. 곧 모서리를 넘어서는 생각이 자라나고, 이어 붙일 새로운 종이가 필요해진다. 이렇게 하나의 '생각'은 성장해

'콘텐츠'가 되고, 어쩌면 더 자라 '프로젝트'가 된다.

특정 프레임에서 시작해 뻗어 나가고, 다른 프레임으로 연결되고, 새로운 프레임을 탄생시키는 과정. 여러 관점이 기획 중에 쪼개지고, 합쳐지고, 숨었다 나타나길 반복한다. 요즘 기획할 때 많이 쓰는 노션, 키노트, 프리폼 같은 도구가 이런 본질을 공유한다. 자유자재로 시야를 조절하고 구조를 역전시키며 생각을 이리저리 수리하고 확장해 나가는 데 최적화된 설계다. 실은 이런 과정이 기획의 전부일 수 있다. 나는 이 시간을 정말 사랑한다.

3   직관을 해체하기

  콘텐츠의 발행 주기는 항상 내보이고 싶은 퀄리티를 갖추기에 너무 짧다. '가난한데 애를 낳으면 죄인가' '기후위기를 어떻게 해결할 수 있나' '채상병 사건이란 무엇이고 본질이 뭔가'…… 종종 이렇게 거창하고 버거운 질문을 던지지만 기획의 목적과 방향성을 충분히 고민하고 명확한 언어로 다듬어 나갈 시간은 턱없이 부족했다. 그래서 늘 직관에 의지해 일한다고 여겼다. 논리적 근거가 서기 전에 '그냥 그래야 할 것 같아서' 결정을 내리는 경우가 많았기 때문이다. 그러다 언젠가 '직관'이라고 쉽게 퉁쳤던 순간의 결정들을 세심하게 한번 해체해 보기로 했다. 콘텐츠를 만들면서 머리에 스친 아이디어의 발원지를 추적해 본 것이다. '왜 이 인터뷰이를 섭외하고 싶다고 생각했을까?' '왜 이 장면을 클로즈업으로 잡은 걸까?' '왜 이런 음악을 깔고 싶었을까?' 직관을 해체하고 내면을 관찰해 보니 다 이유가 있었다.

감각 사이의 틈에 주목하기

인스타그램 릴스에 잊을 만하면 뜨는 봉준호 감독 인터뷰가 있다. 동물 프로그램을 보다가 영화 『괴물』의 아이디어를 얻었다는 일화다.

"영화가 괴물 영화의 외피를 쓰고 있지만 사실은 유괴 영화예요. 유괴범이 사람이 아니라 괴물인 거죠. 그런 플롯의 최초 아이디어를 어디서 얻었느냐면, 그냥 디스커버리 채널을 보는데 펠리컨이 물고기를 운반하더라고요. 그게 되게 재미있었어요. 그걸 괴물에 적용한 거예요. 거기서 플롯이 막 새끼 쳐서 나간 거죠. 모든 아이디어는, 결국은 다 우연히 그냥 그 디스커버리 채널을 보다가 그렇게 된 거거든요. 사실상 하루에도 그런 수백 번의 찬스가 있을 거예요. 여러분이 그것을 언제 어떻게 캐치하느냐의 문제인 것 같아요. 영감은 도처에 이미 널려 있다고 생각해요."

그렇다. 삶은 모두에게 공평하게 주어지는 영감 덩어리다. 봉준호 감독처럼 아이디어를 대담하게 확장해 대단한 플롯을 만드는 천재성이 없을 뿐……일까? 아니다. 우리도 시간만 들이면 아주 조금은 비슷하게 할 수 있다.

먼저 시간만 들이면, 우리는 퇴근하는 고작 한두 시간 동안 있었던 일도 최소 한 페이지 분량의 생각으로 늘어놓을 수 있다. 회사를 나서자 오늘따라 특이하게 보이던 하늘. 퇴근길 지하철 옆자리 승객이 보고 있던 뉴스. 우연히 들른 카페에서 마신 커피.

아직 현상의 나열일 뿐이다. 조금 더 시간을 들이면, 그 한 페이지에 있는 모든 문장을 섬세하게 해체할 수 있다. 옆자리 승객이 보고 있던 그 뉴스는 왜 내 눈길을 끌었을까? 그 카페 공간이 유독 매력적으로 느껴졌던 이유는? 카페 주인이 호감이라 특별했던 것 같은데, 그의 어떤 점이 내게 안정감을 주었을까? 아, 중저음의 목소리 톤과 조곤조곤한 말투가 퇴근길의 피로를 달래 주었구나. 여성이 중성적인 톤이면 뭔가

심리상담을 받아야 할 것 같은 분위기가 만들어지는 것 같아. 또 좁고 깊숙한 공간 구조와 적당한 조도의 조명이 마치 아지트 같은 느낌을 준 것 같다. 어느 영화에서 봤던 장면과 닮은 공간이었는데 그 영화가 뭐더라…… 다음 촬영에 참고해 볼까?

현상을 넘어 꼬리에 꼬리를 물고 감각의 원인을 생각해 본다. 그러다 보면 언젠가 예상치 못한 것과 연결 지을 만한 고리를 여럿 얻을 수 있다. 물론 삶의 모든 순간을 이런 방식으로 붙잡을 수는 없다. 다만 가끔 여유가 생길 때, 혹은 문득 내가 살아 있음을 또렷이 인식하게 되는 그 순간만큼은 흘려보내지 말고 붙잡아 볼 가치가 있다.

삶의 틈을 스스로 비집고 들어가 보자. 그곳에서 발견한 아주 작은 감각이 바로 나만의 영감의 씨앗이다.

일상 속 우연 연결하기

TV에서 펠리컨이 물고기를 운반하는 장면을 보고 '흥미롭다'고 느끼는 사람은 많을 거다. 봉준호 감독도 그중 한 명이었다. 하지만 그 물고기를 '사람'으로, 펠리컨을 '유괴범'으로 치환해 『괴물』이라는 영화를 만들 수 있었던 건 오직 봉준호 감독만의 특별한 상상력 덕분이었다.

  이 전환은 어떻게 가능했을까? 여러 가능성이 있다. 마침 당시 봉준호 감독이 유괴 영화를 구상하는 중이었을 수도 있고, 아니면 '물고기를 운반하는 펠리컨의 모습이 매우 인상적'이었음을 마음 깊이(혹은 메모장에) 저장해 뒀다가 후에 유괴 영화를 구상하면서 연결 지었을 수도 있다. 유괴에 관한 영화를 구상하게 된 까닭 역시 개인적인 흥미나 내밀한 경험 혹은 누군가의 제안이었을 수 있다. '다 우연히 그냥 TV를 보다가 그렇게 됐다'는 봉준호 감독의 말은 거짓말이 아닐 것이다.

  누구도 흉내 낼 수 없는 나만의 것, 이른바 '오리지널리티'는 다른 게 아니라 일상 속 우연에서 시작된다. 그리고 우연에는 감정이 먼저 반응한다. "내가 이 책 진짜 재밌게 읽었거든. 너도 꼭 읽어 봐야해."라는 말을 듣고 읽게 된 책은 이미 누군가를 거친 책을 빌려 보는 느낌이 든다. 오리지널리티가 좀 떨어진달까(쪼잔한 마음인 거 인정한다). 반면 도서관에서 필요한 책을 찾다 엉뚱하게 눈에 든 책, 여행 갔다 들른 독립서

점에서 집어 든 책은 마치 책에 발이 달려 내게로 찾아온 것만 같다. 내 SNS 피드에 같은 책을 추천하는 콘텐츠가 연달아 걸렸을 땐, 그게 불특정 다수를 향한 글임에도 불구하고 읽어야만 할 것 같다. 갑자기 우연이 필연이 된다.

나아가, 직전에 읽은 책에서 새롭게 알게 된 지식을 우연히 집어 든 책에서도 발견할 때의 짜릿함은 그 어떤 계획된 독서에서 느끼는 것보다 강렬하다. 운명처럼 다가온 이 주제에 대해 탐독해 봐야겠다는 의지가 마구 샘솟는다. 마치 오직 나에게만 활성화된 하이퍼링크 같은 순간이다. 우연의 오솔길을 산책하듯 지식을 탐구하는 과정은 그야말로 주체적인 즐거움을 가져다준다. 이러한 즐거움이 차곡차곡 쌓이고 연결되면 그것이 독창성이 된다.

'나'의 ○○ 찾기

아이폰에는 '나의 찾기'라는 기본 앱이 있다. 영어로는 'Find My'. Find my iphone, Find my Ipad, Find my Mac, 이렇게 기기명에 붙는 식인데, 내 애플 기기의 위치를 찾아 주는 이 서비스는 나 같은 덜렁이에게 단비 같은 존재다. 이 앱의 이름을 처음 들었을 때 꽤나 심오한 작명이라 생각했다. 모두들 자신의 무언가를 찾으며 인생을 살다 가지 않는가. 내 취향. 내 천직. 내 반려자. 나의 뿌리. 내가 살아가는 이유.

앞서 말한 두 가지 키워드, 일상을 살며 얻게 되는 작은 쾌락과 우연한 연결은 AI로 결코 대체할 수 없는, 오직 인간만이 가질 수 있는 보물 상자다. 무턱대고 AI에게 "유튜브 콘텐츠 아이디어 열 가지 뽑아 줘"라고 부탁하면 AI는 번듯한 목록을 내놓지만 그 기획에는 본질적 결함이 있다. 진짜 괜찮은 아이디어는 펠리컨과 유괴범을 연결시킨 봉준호의 상상력처럼 내 삶의 파편들이 예상치 못한 순간에 화학반응을 일으킬 때 태어난다. 바로 그런 기획에 대체 불가능한 고유성이 있다. 하지만 AI에는 일상이 없다. 일상이 없으니 우연한 마주침도, 우연과 우연을 연결 짓는 힘도 있을 리 없다. AI가 아무리 발전해도 흉내 낼 수 없는, 숨 쉬고 살아가는 인간만의 특권이다.

그러니 콘텐츠의 시작점은 '나의 찾기'다. 콘텐츠를 만드는 입장에서 '나'라는 경험의 집합체는 긁지 않은 복권이다. 살림 유튜버는 원래 살림하기를, 북튜버는 책 읽기를, IT 유튜버는 전자기기 다루기를 좋아했다. 할머니랑 같이 사는 사람은 노년 세대의 감수성을 또래보다 잘 이해할 것이고, 나이 든 개를 돌보는 사람은 늙은 반려동물과 살아가는 마음을 잘 알 것이다. 중소기업에 다녀 본 사람이 『좋좋소』 같은 기획을 할 수 있고, 따돌림을 경험해 본 사람이 말로 표현하기 힘든 소외감을 콘텐츠에 담아낼 수 있다.

경험이 잘 떠오르지 않는다면 사물에 주목해 보는 것도 좋은 방법이다. 로봇 장난감을 수집하는 취미 생활을 담은 채반석의 에세이 『그깟 취미가 절실해서』(꿈꾸는인생, 2022)에 이런 말이 나온다. "물건이 나를 닮는 건 어쩔 수 없는 일이다." 지금 바로 내 주변을 이루는 사물 하나하나에 눈도장을 꾹꾹 찍어 보자. 그야말로 노다지다.

가령 지금 내 책상에는 스퀴시 볼이 놓여 있다. 20년째 갖고 있는 반려 질병인 발모벽(습관적으로 자신의 머리카락 등을 뽑는 일종의 강박 증상)을 퇴치하기 위해 장만한 아이템이다. 나는 스퀴시 볼을 주무르며 언젠가 이 세상 모든 '발모벽러'를 소환하는 공감 콘텐츠를 상상해 본다. 얼마 전 가지를 치고 물꽂이에 성공한 파키라에도 눈길이 간다. 뻗어 나가는 화병 속 뿌리를 보며 지금껏 바쁘다는 핑계로 죽인 식물에 대한 역사를 고백하고 참회할 수도 있겠다 싶다. 이 취미가 오래간다면 초보 식물 집사의 좌충우돌 에피소드와 식물 세러피에 대해 이야기할 수도 있다.

우리는 나와 나를 이루는 것에 관해서만도 정말 무한히 질문할 수 있다. 내가 재밌다고 느끼는 영화의 공통점은 무엇일까? 왜 나는 이전 집에 비해 이사 온 집에서 더 편안함을 느낄까? 선호하는 구절, 아끼는 물건, 편안한 공간 혹은 불편한 공간, 버린 물건, 거슬리는 사람. 이 모든 감정에는 전부 '그럴 만한' 이유가 있다. 게다가 '나'라는 뭉텅이 자체는 고유하지만, 나를 이루는 수많은 요소 하나하나를 떼어 보면 놀랍도록 보편적이다. 이렇게 찾아낸 이유에 공감할 만한 사람이 많다는 얘기고, 콘텐츠의 메시지나 전략이 될 수 있다는 의미다.

어떤 콘텐츠든 수많은 레이어가 겹쳐 만들어지지만 가장 밑바닥에 깔린 레이어는 언제나 동일하다. 마치 포토샵의 모든 작업이 'Background'라는 레이어에서 시작하듯, 모든 콘텐츠는 '나'라는 배경에서 시작한다.

기획자이기 전에 섬세한 내면 관찰자가 되는 것. 좋은 기획은 여기서부터라고 생각한다. 여성학자 정희진은 책 『나를 알기 위해서 쓴다』(교양인, 2020)에서 침묵은 자기와 나누는 대화이며, 자신과의 만남은 존재를 뒤흔들 수도 있다고 했다. 그걸 알게 된 요즘은 시간을 꼭꼭 씹어 먹으며 산다. 다른 사람과 있는 시간을 줄이고 혼자 말없이 논다. 그런 시간이 많을수록 좋아하는 것, 원하는 것이 선명해진다.

수집하는 팁: 메모 앱 추천

스스로를 관찰해 얻은 재료는 부지런히 주워 담아야 한다. 나는 원래 좋아하는 음식조차 잘 떠올리지 못했다. 취업 준비할 때 좋아하는 책이나 영화에 대해 막힘 없이 대답하는 사람들이 천재처럼 보였다. '나도 분명 좋아하는 게 있는데, 남들과 달리 겉핥기로만 좋아하는 건가? 아니면 기억력이 특별히 나쁜 건가?' 맞는 진단이긴 했다. 내가 좋아하는 게 뭔지 특별히 관심 두며 살지 않았고, 그래서 딱히 기억하려 애쓰지도 않았다. 하지만 진단이 곧 결론은 아니다. 지금의 나는 여러 질문에 곧잘 대답할 수 있다. 메모 덕분이다.

기억을 못하면 적어 두기만 하면 됐다. 어릴 땐 재밌는 생각을 하면 언제든 다시 생생하게 떠올릴 수 있었다. 요즘은 재밌는 생각이 잘 들지도 않거니와, 들더라도 필요할 때 절대 다시 떠오르지 않을 것이라는 체념도 함께 든다. 그래서 지금은 혼자든 함께든 어떤 쾌락을 느끼면 속으로 "메모!"라고 외친다. 곧 사라질 것 같은 생각은 일단 단어라도 남겨 두려고 한다. 얼마 전에는 흰 쌀밥이 담긴 밥그릇을 손에 들고 명란을 얹어 먹는 먹방에 과하게 반응하는 나를 인지했다. 즉시 '좋아하는 음식' 메모장에 '명란+밥'을 추가했다. 그 먹방러의 피드에 들어가 보니 비슷한 콘셉트 영상의 반응이 유독 좋았다. 찾아보니 원조 격의 일본인 먹방러도 있었다. 왜 어떤 사람들은 일본인처럼 밥그릇을 들고 먹는 방식에 반응하는 건지 함께 궁금해졌다. 아직 이유는 찾지 못했다. 이렇게 실없이 끝나는 메모가 대부분이다.

수단은 무엇이든 괜찮다. 손으로 필기하는 수첩이든, 카카오톡 '나에게 보내기' 기능이든, 인스타그램이든 상관없다. 내 경우 메모를 좀 더 찾기 편하게 정리하고 싶을 때는 '베어'로 넘어간다. 베어는 아이폰 기본 메모 앱과 비슷하게 깔끔하면서도 검색 기능이 빠르고 강력한 앱이다. 앞서 말한 좋아하는 음식, 책 같은 취향 혹은 매번 찾아보게 되는 생활 꿀팁 따위를 베어에 정리해 둔다.

글의 꼴을 갖춰야 할 때는 '구글 독스'로 넘어간다. 단축키 사용이 편리하고 무엇보다 협업에 최적화되어 있어서 주로 기획안이나 원고 작업에 사용한다. 웹 기반이기 때문에 어디서든 작업할 수 있다는 편리함도 있다. 나는 일기도 구글 독스로 쓴다. '페이지 없음' 모드로 둔 뒤 탭이나 스타일 기능을 활용하면 나만의 그럴듯한 소책자가 만들어진다. 가령 2025라는 문서 안에 12개의 탭이 월별 목차를 이루고, 하나의 탭 안에 접었다 폈다 할 수 있는 30개의 일기가 들어가 있는 식이다.

좀 더 복잡한 규모의 프로젝트를 구상할 땐 '워크플로위'의 능력을 빌리기도 한다. 워크플로위는 무한한 들여쓰기를 통해 복잡한 계층적 구조를 만들어 낼 수 있는 앱이다. 수집해 둔 갖가지 키워드와 자료를 늘어놓고 이리저리 이동시키며 논리의 위계를 고민할 때 좋다. 이 작은 메모가 '나뭇가지'나 '이파리'로 기능할지 '숲' 자체가 될지 기획 단계에서는 알 수 없다. 그래서 기획 단계에서는 자유로운 이동이 핵심이다. 일할 때 써 뒀던 메모를 뒤적거리며 이 책의 목차를 구상할 때도 잠시 워크플로위의 능력을 빌렸다(다시 보니 살아남은 목차가 거의 없다).

나는 메모 수집량이 많지는 않다. 쌓일 틈 없이 실행해 버리기 때문이다. 수집, 채집, 디깅. 무슨 이름을 붙여도 좋다. 다만 수집에서만 끝나지는 않았으면 좋겠다. 수집은 그 자체로 뿌듯하고 쾌락적이며 수고로운 일이라 자칫 아카이빙에서 끝나 버릴 수가 있다. 하지만 콘텐츠 기획에서 아카이빙은 단지 시작 단계일 뿐이다. 주머니 속 수많은 선택지를 다시 한번 객관적인 눈으로 엄선해 내야만 감정을 전이할 수 있는 기획이 된다. 중요한 건 하나를 선택해 과감히 다음 단계로 나아가는 용기다.

4 발제의 조건

 회식 장소 골라 본 사람은 다 알겠지만 모두를 만족시킬 만한 적절한 메뉴를 고르기란 상당히 까다로운 일이다. 데일리 저녁 시사 라디오프로그램을 맡았을 땐 매일 생방송 준비를 하며 간단히 끼니를 해결했다. 정신없이 오늘의 원고를 마무리할 때면 어김없이 Y의 메시지가 울렸다. "오늘은 특별히 뜨끈하게 국물 요리 가겠습니다!"

 어쩌다 보니 메뉴 주문은 늘 Y 몫이었는데, 그의 결정은 모두를 실망시키는 법이 없었다. 메뉴가 반복되어 물리기 전에 새로운 음식을 제안하고, 반응이 좋앉던 메뉴는 적당한 시점에 다시 돌아왔다. 동네 신상 맛집은 반드시 테스트베드에 올랐다. 덕분에 바쁘게 돌아가는 생방송 사이클 속에서 밥 먹는 시간은 언제나 단비 같았다.

  알고 보니 Y에겐 비결이 있었다. 바로 그만의 메뉴 발제용 엑셀 파일이었다. 한정된 식비 안에서 다채롭고도 합리적인 저녁 식사를 위해 주문할 때마다 가격대와 맛 평가를 적어 놓고, 너무 반복되지 않도록 주문 횟수도 기록해 놓았다. 별생각 없이 오가는 팀원들과의 대화에서 취향을 파악해 메모를 해 놓기도 했다. 나는 좋은 아이템을 발제하는 방법이 적절한 식사 메뉴를 고르는 방법과 전혀 다르지 않다고 생각한다.

오늘의 날씨를 고려한	→ 시의성
익숙한	→ 보편성
신상 식당	→ 새로움(차별성)
생각지 못한, 예상외로 맛있는	→ 의외성
너무 멀지 않은, 줄 설 필요 없는, 주차 되는	→ 편의성
내가 먹고 싶은	→ 고유성
무엇보다 상대의 상황/취향을 고려한	→ 사용자 중심

'발제'는 콘텐츠 제작 회사에 다니는 사람이라면 누구든 듣기만 해도 영원히 고통받는 단어다. 연차가 아무리 쌓여도 발제의 괴로움에서 벗어날 수는 없다. 도대체 이 망망대해에서 뭘 잡아 올려야 하는지 막막해서 괴롭고, 자신의 기획력을 입증해야 하는 무대처럼 느껴져서 괴롭다.

좋은 발제는 몰라도 나쁜 발제에 대해서라면 좀 안다. 스트레스받는 발제 상황 자체를 벗어나기 위한 발제, '이 아이템'의 통과가 아니라 '통과' 그 자체를 바라는 발제다. 많은 사람이 발제를 '기획을 위한 첫 관문'이라고만 생각한다. 그러나 발제의 본질은 겪어 본 바 '조직 내 협업을 위한 소통'에 있다. 1인 크리에이터라면 나와 독자를 연결하는 아이템이 떠올랐을 때 바로 돌입할 수도 있다. 회사나 동아리 같은 조직은 다르다. 나와 독자에 동료(혹은 조직)라는 축이 더해진다. 발제는 이 기획이 조직의 이름을 달고, 동료들의 재능을 모아, 함께 책임지며 세상에 내놓을 만한 가치가 있는지 논의하고 승인받는 단계다. 이런 과정에서 생각이 충돌하는 건 자연스러운 일이다. 모든 구성원이 기획자와 뇌를 공유하고 있지도 않고, 취향과 우선순위도

제각기 다르기 때문이다.

그렇다면 1인 크리에이터에게는 발제 단계가 필요 없을까? 오히려 반대다. 조직에는 동료라는 필터가 있지만 1인 크리에이터에게는 자기 자신밖에 없다. 나와 독자를 연결하는 아이템이 떠올랐을 때 바로 돌입할 수 있다는 건 자유인 동시에 함정이다. 스스로에게 엄밀한 질문을 던지지 않으면, 독자가 원하는 것이 아니라 내가 하고 싶은 것만 만들게 되기 쉽다. 따라서 1인 크리에이터에게도 일종의 '내적 발제' 단계가 필요하다. 이 아이템을 왜 지금 만들어야 하는가, 누구에게 어떤 가치를 줄 수 있는가. 질문을 스스로에게 던지고 답하는 과정이 좋은 아이템을 데려온다. Y의 메뉴 선정은 여러 요소를 갖췄지만 무엇보다 '이 메뉴를 제안한 이유'를 말해 줘서 좋았다. 내가 내킨다는 이유만으로 메뉴를 발제하면 곤란하듯, 아이템 역시 마찬가지다. 자신과의 토론을 거칠수록 기획은 더 단단해진다.

다음은 2018년 제주 4·3 시리즈 제안서다.

왜 지금 제주 4·3인가?

- 올해는 제주 4·3 70주년(=꺾이는 해)으로 관심도가 예년과 다를 예정.
- 제주에 대한 타지 청년의 관심: 4·3의 정확한 내용과 핵심을 아는 청년층은 드문 편. 그러나 2008년 즈음 시작된 올레길 열풍 이후 '효리네 민박' '제주에서 한 달 살기' 등 제주에 대한 관심이 지속되는 중. 지금 4·3에 대해 청년의 눈높이에 맞춰 쉽고 재미있게 설명한다면 관심도는 10년 전인 60주년에 비해 훨씬 클 것으로 예상.
- 대통령의 약속: 문재인 대통령은 대선 후보였던 지난해, 선거운동 이틀째에 제주4·3평화공원을 찾았음. 당시 "정권교체를 이루고 내년 4·3에는 대통령 자격으로 기념일에 참석하겠다"는 메시지를 전함. 따라서 올해 4·3 추념식에는 대통령이 처음으로 참석할 가능성이 높아 더욱 주목 예상.

왜 페미니즘을 연결하는가?

- 계속해서 번지는 '미투'me too 물결.
- 많은 제주 여성이 4·3 이후 생존자로서 수난을 감내해야만 했음. 기혼 여성 절반 가까이가 '홀어멍'으로 남았고, 혹은 누군가의 '첩'으로 들어갔음. 여성들은 가장이자 어미이자 불타 없어져 버린 마을을 재건해야 하는 주민으로서 여러 역할을 수행했음. 이에 대한 역사 기록은 거의 없음. 지금까지 4·3은 진상규명이라는 목적을 우선하며 주로 희생된 남성을 중심으로, 살아남은 '남성 스피커'를 중심으로 기록되었음. 이러한 문제의식 아래 2017년 제주 4·3 70주년 기념 범국민위에 처음 여성위원회가 생겼음. 더 늦기 전에 한 줄이라도 더 여성 서사의 역사를 발굴하기 위함. 얼마 전 2018년 3월 4일 '3·8 여성의 날'을 기념하는 광화문 행사에서도 범국민위와 제주여민회가 함께 4·3 부스를 열었음.

> 왜 씨리얼인가?
>
> • 정치 이슈와 더불어 성평등 이슈를 지속해서 이야기해 온 씨리얼이기에, 4·3의 역사를 설명하고 나아가 페미니즘 관점으로도 재해석하는 영상물을 만들고자 함.
> • 먼저 4·3에 관한 설명으로 공감을 유도한 뒤, 현재 많은 여성 청년이 기부 플랫폼으로 활발히 이용하는 크라우드펀딩 플랫폼 텀블벅을 통해 모금 형성.
> • 이번 기획을 통해 씨리얼이 더 많은 의제를 더 많은 청년 독자와 공감하고 떠드는, '살아 있는' 매체로 거듭나도록 유도.

A4 한 장이 조금 안 되는 분량의 글에 앞서 나열한 발제 요소가 대부분 담겨 있다. 우선 '왜 하필 지금' 제주 4·3을 다뤄야 하는지 설명하고(시의성), 특히 씨리얼의 타깃층인 2030 청년이 이전과 달리 제주 4·3에 관심을 가질 가능성이 높다는 개연성을 더했다. 언론사마다 마땅히 챙길 만한 주제이지만(보편성), 그저 도돌이표처럼 사건을 설명하는 데 그치지 않고 페미니즘 관점으로 재해석해 이전에 없던 콘텐츠를 만들어 보겠다는 포부도 담았다(차별성). 또 이미 많은 익스플레인 형태의 영상을 만들어 호응받아 본 만큼 쉽고 흥미롭게 제주 4·3을 설명해 낼 자신이 있고, 무엇보다 제주 출신인 나는 여러 이유로 이 아이템을

할 날을 벼르고 있었다(고유성). 당시 씨리얼은 주력 플랫폼을 페이스북에서 유튜브로 옮겨 가고 있었다. 2018년 이전까지는 슥슥 스크롤하며 넘겨 보는 페이스북 설계에 맞춰 짧은 영상을 주로 만들었다면, 이제 더 지속 가능한 콘텐츠 형태가 무엇일지 모색해야 하는 시기였다. 그래서 이 기획이 플랫폼 전환기 채널 성장에 어떻게 기여할 수 있을지도 충분히 고민하며 제안했다.

물론 기획을 할 때마다 매번 이렇게나 많은 근거를 들어 발제하지는 않는다. 이 기획안은 구성원 모두가 한 달 이상 달려들어 제작해야 하는 규모의 프로젝트라 더욱 공들여 설득했던 예시다. 이 기획은 성공적인 크라우드펀딩과 다섯 편의 영상 시리즈로 결실을 맺었다. 다시 보면 초년생다운 거칠고 과잉된 구석이 많은 기획이었다. 하지만 처음으로 뜻한 곳까지 가 보았던, 내게는 남다른 프로젝트다.

왜 지금 이 이야기를 하려는 건가? 너무 뻔하지 않나? 혹은 너무 앞서가는 건 아닌가? 빠른 실행이 가능한가? 어렵다면 그럼에도 하려는 이유가 뭔가? 이러한 질문은 어차피 논의 과정에서 나온다. 그러므로 만약 뚝심 있게 밀고 싶은 아이템이 있다면 더 강력한 설득 요소를 기획안에 심어야 한다. 기획안은 다른 게 아니라 바로 이러한 설득 근거의 나열이다. 자신을 아는 가까운 동료를 설득하지 못한다면 나중에 만날 독자를 설득하기는 더 어렵다. 이럴 때 무엇보다 발제자 자신이 제안하는 내용을 의미 있게 가져갈 수 있다는 확신, 혹은 그렇게 만들 것이라는 열정을 보여 줘야 한다.

발제 단계에서 이어지는 질문에 대한 대답을 처음부터 마련하고 있기란 쉽지 않다. 그럴 땐 논리보다 기획자의 기세가 발제 통과 여부를 결정하기도 했다. 맥없이 호응받지 못했을 때 다시 한번 설득하려는 자세. 얼마든지 피드백을 수용해서 통과 그 자체가 아닌 '이 아이템'의 통과를 노리는 마음가짐. 이러한 태도는 스스로에 대한 믿음에서 나오고, 그 믿음은 아이템을 향한 열망에서 나온다. 선택을 뒷받침할 근거는 자연스럽게 따라온다. 정보가 부족해서 처음엔 갸우뚱했던 동료들도 그 열망이 전달되는 순간부터 오히려 함께 근거를 찾아 준다. 이러한 상호작용이 일어날 때 팀이 살아 있다고 느낀다.

5   시점과 지점, 콘텐츠 기획의 두 기둥

  콘텐츠 만드는 일은 마치 '방망이 깎는 노인'이 되는 것과 같다. 막연한 아이디어를 끝없이 깎아 내어 누군가의 마음에 꽂을 수 있는 뾰족한 것으로 만드는 과정. 처음 떠올리는 아이템은 대부분 손에 잡히지 않는 상태일 가능성이 높다. 그런 뭉툭한 상태로는 누군가의 마음에 가닿기 어렵다. 이때 고려할 핵심 요소를 나는 크게 두 가지로 구분한다. 시점과 지점. 시점은 한마디로 '언제'이고 지점은 '어디를'이다. 이 콘텐츠가 언제 세상에 나와 사람들 마음의 어디를 정확히 건드릴 것인가. 이 고민에 대한 답이 콘텐츠 전략의 거의 전부다.

시점. 타이밍이 모든 것을 결정한다

2024년 10월 10일 저녁 8시경, 한강 작가가 노벨문학상을 수상한 순간을 떠올려 보자. 소식을 전해 들은 한국인들은 어안이 벙벙하다가 금세 환희에 차오르며 급격한 'K-문학 뽕'을 맞는다. 그리고 갑자기 모든 것이 궁금해진다. 노벨문학상 수상이 어째서 그리 대단한지, 그 대단한 상을 받은 한강 작가는 어떤 삶을 살아왔는지, 한강 작가의 대표작은 무엇이며 그가 사랑하는 책은 뭔지.

이때다 싶어 수많은 매체와 유튜브가 '뽕'을 채우는 콘텐츠를 가열하게 올린다. 이런 폭발적 이슈는 타이밍 하나만 잡으면 된다. 한강과 관련된 내용은 시점만 맞춰 내면 어떤 뭉툭한 콘텐츠라도 사람들 마음을 퍽퍽 때릴 수 있다. 사람들의 관심은 결코 오래가지 않기 때문에 완성도 있는 구성보다 신속한 발행이 훨씬 중요하다.

'캘린더 이슈'도 있다. 매번 돌아오는 이슈를 말한다. 가령 씨리얼은 5월 1일 노동절을 자주 챙긴다. 사건의 경우 1주기, 10주기 같은 소위 '꺾이는 해'를 미리 파악해 두고 공들여 준비한다. 다른 해에 별 관심을 받지 못한 사건도 그해에는 사람들이 더 봐 준다. 유족의 목소리가 지겹다 지겹다 하는 사람이라도 그날만큼은 그 소리를 못한다. 그런 악플이 조금이라도 사라지기를 바라며 완성도 있고 차별성 있는 콘텐츠를 준비하곤 한다.

지점. 마음 어디를 건드릴 것인가

게시 시점이 크게 중요하지 않은 콘텐츠도 있다. 가령 씨리얼의 「1인분의 삶을 살고 있나요」(2024)는 5년에서 길게는 10년 이상 미취업 상태로 지낸 고립·은둔 청년들의 인터뷰를 담았다. 시의성이 아예 없는 콘텐츠는 아니다. '쉬었음'이라고 답한 비경제활동인구가 계속 늘어나는 사회현상을 고려해 기획했기 때문이다. 다만 반짝 이슈가 아니다. 장기 미취업자가 늘어나는 추세는 당분간 계속될 것이다. 이런 주제는 빠르게 내보내는 데보다 독자의 마음 어디를 건드려 감정을 전이시킬지 고민하는 데 에너지를 쓰는 것이 좋다.

'1인분의 삶을 살고 있나요'라는 제목이 이 고민을

바로 해결해 줬다. '1인분'은 해당 콘텐츠를 연출한 심진수 PD가 초반부터 가지고 간 표현이다. 언젠가부터 씨리얼 채널 전체를 관통하는 화두이기도 하다. 취업 여부와 관계없이 대다수 청년이 끊임없이 자문하면서 산다. 나는 과연 1인분을 해내고 있나. 해내고 있다면 언제까지 해낼 수 있나. 몸이 다쳐서, 마음이 다쳐서, 누군가를 돌보느라…… 우리는 너무 많은 이유로 까딱하면 1인분을 하기 힘든데, 그에 비해 요즘 세상이 요구하는 1인분의 기준은 날로 버거워진다. 이 제목을 클릭하면 마주할 이야기가 나의 사정과 다르지 않을 것임을 직감하기에, 해당 콘텐츠를 찾은 사람은 카메라 앞에서 속내를 털어놓는 고립 청년을 '게으른 자'라고 쉽게 비난할 수 없다.

이 영상의 경우 당시 기획 목표에 걸맞게 'The BOX'라는 형식을 곁들였다. '밖에서는 털어놓지 않는 내밀한 이야기'라는 부제를 달고 고해소 같은 좁은 사각 공간을 연출했다. 오직 카메라와 당사자만 있는 것처럼. 현실에 이런 곳은 잘 없다. 이 역시 일종의 반공간이라고 할 수 있다.

시점과 지점을 염두에 둔 기획안 작성법

이렇게 시점과 지점 두 가지를 염두에 두는 씨리얼의 기획안은 콤팩트하다. 콘텐츠 하나의 사이즈가 크지도 않은 데다 바로 실행에 옮기기 위한 소통 도구이기 때문이다. 콘텐츠를 볼 때 처음 10초로 계속 볼지 말지 판단할 수 있는 것처럼 기획안도 마찬가지다. 아이템을 진행할지 말지 몇 줄이면 감이 온다. 시험 답안지처럼 분량을 채우려 말을 늘릴 필요가 없다. 씨리얼 팀에서 공유하는 기획안은 다음의 몇 가지 요소로 정리된다.

1) 예상 제목

예상 제목과 주제를 혼동하는 경우가 많다. 제목은 주제와 다르다. 유입을 유도하는 전략적 도구다. 씨리얼 콘텐츠의 목표는 크게 3단계로 나눌 수 있다. 클릭하게 만들고, 끝까지 몰입하여 보게 만들고, 남의 이야기가 내 이야기로 받아들여지게 만들기. 첫 단계인 클릭이 달성되지 않으면 나머지는 무의미하다. 강력한 제목 후킹은 그래서 중요하다. 후킹 전략이 처음부터 서 있으면 제작 과정 전체가 수월해진다.

2) 기획 의도

기획 의도는 왜 하필 '지금' '이 아이템'을 다루려 하는지, 왜 '이 채널'에서 다뤄야 하는지 설득하는 몇 문장이면 된다. 백과사전처럼 관련 정보를 나열하거나, 감상적인 수사만 남는 경우를 특히 지양해야 한다. 가령 신입이 자주 들고 오는 주제로 '사라지는 것들'이 있다. 사라지는 독립영화관, 주공아파트, 간이역 같은 것들. 안타깝지만 세상엔 사라지는 것이 너무 많다. 그중 왜 하필 이 대상에 주목해야 하는지, 쓸쓸함을 넘어 무엇을 전할 수 있는지가 분명해야 한다.

씨리얼 팀은 '괄호의 기획 의도'라는 별도의 항목을 따로 쓴다. 팀 내부에 정착한 우리만의 독특한 표현이다. 공식 기획 의도에 담기는 어렵지만, 이 이야기를 전달해야만 하는 기획자의 속사정을 우리는 '괄호의 기획 의도'라고 부르기로 했다. 어떤 사회현상을 향한 개인적 울분일 수도 있고, 조회수 대박을 향한 야망일 수도 있다. 콘텐츠 전반에 은은하게 녹아 있을 기획자의 숨겨진 감정이 공유되면 정확한 협업이 가능하다. 나는 이 '괄호의 기획 의도'가 씨리얼 채널이 표방하는 정체성의 몸통이라고 믿는다.

3) 아이템을 설명하는 한 줄

일 잘하는 사람은 자신이 할 일을 한 줄로 정리할 줄 안다. 동료가 '어떤 사람'이 나오는 '어떤 스타일'의 영상인지 힘들이지 않고 파악할 수 있는 문장이 필요하다. 주제를 관통하는 직관적인 질문이 더해지면 좋다. 제작자만 이해할 법한 질문이나 답하기 어려운 골치 아픈 질문은 피해야 한다. 발제 단계에서 별다른 설명 없이도 호응받았던 콘텐츠들은 이런 한 줄 설명이 가능했다.

"젊은 태권도 사범들의 돌봄 현장을 담는다. 남자들이 모여 아이를 돌보면 무엇이 다른지 물어보고, 초등학생과 소통하는 팁을 남성의 입으로 듣는다."

「젊은 남자들이 모여서 애들 돌보는 곳 태권도장」 (2024)

"'좋은 노동'이란 뭘까. 최고 효율을 내는 것만이 '좋은 노동'일까? 느린 학습자(경계선지능인)의 일터를 방문해 조금 느리지만 무엇이 성장하고 있는지 물어본다."

「인구 100명 중 14명이라는 경계선지능인들」(2024)

단편뿐 아니라 시리즈도 한 줄 요약이 가능해야 한

다. 씨리얼 팀원 모두가 아끼는 시리즈 『이렇게 사는 것도 방법이다』는 이렇게 말할 수 있었다.

"모두가 따르는 '정상궤도'에서 벗어나 자신만의 방식으로 먹고사는 청년들을 만난다. 말 그대로 '이렇게 사는 것도 방법'이 될 수 있음을 삶으로 보여 주는 사람들이다. 획일화된 타임라인을 따르는 데 지친 이들에게 용기와 위로를 전한다."

4) 레퍼런스

레퍼런스는 두 종류다. 익숙한 레퍼런스와 낯선 레퍼런스. 익숙한 레퍼런스는 콘텐츠를 함께 만들어 갈 동료 혹은 클라이언트를 위한 것이다. 내 머릿속 구상을 바로 납득시키기란 쉽지 않다. "아, 이런 콘텐츠를 만들자는 거구나!"라고 느낌표를 띄울 수 있는 친숙한 예시가 필요하다. 예상 불가능한 기획으로는 다른 사람들을 설득할 수 없다. 아무리 독특한 발상에서 비롯된 기획이라도 유사한 시도를 했던 콘텐츠를 찾아 보여 주는 게 좋다. 반면 낯선 레퍼런스는 차별점을 보여 주기 위한 것이다. 이를 위해 영화나 웹툰, 뮤직비디오, 그림 같은 다른 장르에서 복합적으로 콘셉트를 가져오기도 한다.

요즘 고민은 씨리얼의 레퍼런스가 자꾸 우리의 이전 작업에 머문다는 점이다. 자가복제할 유산이 생긴 건 다행이지만, 발전이 없는 것 같아 걱정스럽다. 아마 콘텐츠 만드는 일을 계속하는 한 이 고민은 사라지지 않을 것이다. 자기 색깔을 만들면서도 그 안에 갇히지 않기. 매번 새롭게 헤쳐 나가야 할 숙제다.

6 손과 머리는 하나

  일을 잘하는 사람이 좋다. 기본 테크닉technique을 공고히 다져서 여러 가지로 응용할 수 있는 스킬skill을 연마하고, 자신만의 정교한 기술craft로 나아가는 방식으로 일하는work 사람이 일을 잘하는 사람이다. 『장인』(아르테, 2021)을 쓴 사회학자 리처드 세넷에 의하면 잘 만들고자 하는 욕구the desire to do something well for its own sake는 모든 인간에게 있다. 사회에서 그러한 욕구는 자꾸만 무시된다. 과도한 노동시간에 의해. 지나친 관료주의에 의해. 각종 AI의 대체로 인해. 그러다 보니 현대사회에서 장인정신을 추구하는 사람은 한가

한 사람 취급을 받는다.

　우리는 역사상 가장 많은 정보에 둘러싸여 살지만 실제 문제 해결 능력이나 창조적 사고가 발달하고 있는지는 잘 모르겠다.『장인』에 의하면 영국의 화학자이자 철학자였던 마이클 폴라니는 '안다'는 것을 두 가지 층위로 구분했다. 언어로 설명 가능한 명시적 지식과 말로 표현하기 어렵지만 몸이 기억하는 암묵적 지식. 자전거 타는 법을 아무리 설명해도 실제로 타 보지 않으면 익힐 수 없는 것처럼 몸의 기억을 통해서만 가능한 숙련이 있다. 씨리얼에서 일하며 암묵적 지식을 명시적 지식으로 전환하는 일에 애쓴 시간이 있었다. '씨리얼 위키' 따위의 매뉴얼을 꼼꼼하게 작성해서 말이다. 우리가 어떤 유형의 아이템을 주로 다뤘는지 분석해 패턴을 발견하고, 판단 기준을 구체적 상황별로 정리했다. 역시 한계가 컸다. 암묵적 지식에 관해 남이 만든 매뉴얼은 어차피 이해도 어렵거니와 유일한 답도 아니고 유연성도 저해시킨다. 뭐든 결국 직접 부딪혀서 체득embed해야만 제대로 알게 된다.

　그러나 여전히 나는 암묵적 지식에 관한 더 많은 이야기가 필요하다고 생각한다. 가위 하나로 한 끗 차이를 만들어 내는 헤어디자이너. 같은 악보도 미묘하게 다른 박자감으로 재창조하는 피아니스트. 축구선수의 기막힌 드리블 타이밍. 예리한 관찰로 적절한 표현을 선택하는 심리상담사. 도대체 어떻게 한 건지 도통 알 수 없는 것을 구사하게 된 이야기를, 그 열망을 자꾸 듣고 싶다.

리처드 세넷도 그런 사람인 듯하다. 그는 『장인』에서 중세 길드 시스템부터 현대 리눅스 프로그래밍 커뮤니티까지 다양한 역사적 사례를 통해 장인정신의 변화 과정을 추적한다. 이 과정에서 깨달은 세넷의 중요한 주장이 있다. 손과 머리는 하나라는 것이다. 문제를 푸는 일(손)은 문제를 찾는 일(머리)과 동시에 이루어지기 때문이다. 나도 그렇게 생각한다. 정교한 손재주가 어찌 머리를 거치지 않겠는가. 훌륭한 목표가 어찌 정교한 손재주 없이 달성되겠는가. 일을 잘하기 위해서는 두 가지를 떼어 내면 안 된다.

세넷은 오히려 '어떻게'를 생각하며 물건을 만드는 아니말라보란스가 '왜'를 물으며 공동의 삶을 만들어 내는 호모파베르를 안내하는 존재인지도 모른다고 분석한다.[3] 스토리텔링의 새로운 가능성 역시 손으로 직접 작업하는 곳에서 발견되곤 한다. 나는 그래서 일부러 스토리보드를 느슨하게 잡고 촬영에 들어가기도 한다. 기획 단계에서 미처 생각하지 못한 디테일이 실제 제작 과정에서 작품의 완성도를 좌우할 때가 있다.

그러나 현대사회는 늘상 손 쓰는 기술자를 머리 쓰는 기획자 아래에 둔다. 실제로 다수의 영상 제작 시스템이 이런 구조를 따르고 있다. 현장에서 카메라를 다루고 조명을 세팅하는 기술진은 PD 같은 디렉터가

---

3 아니말라보란스(Animal Laborans)와 호모파베르(Homo Faber)는 정치철학자 해나 아렌트가 『인간의 조건』(1958)에서 제시한 개념이다. 아니말라보란스는 아렌트가 마르크스의 노동 개념을 비판적으로 재구성한 개념으로, 생존을 위해 반복적으로 노동하는 인간을 뜻한다. 호모파베르는 베르그송 등 기존 철학자들의 개념을 재해석한 것으로, 도구를 만들고 지속적인 인공 세계를 창조하는 인간을 가리킨다.

아렌트는 아니말라보란스를 생존의 순환에 갇혀 자유와 세계성을 상실한 존재라고 보았으며, 호모파베르는 세계를 형성하고 의미를 부여하는 더 높은 차원의 인간형으로 평가했다. 그러나 호모파베르 역시 도구적 이성에 갇혀 있다는 한계를 지적하며, 이 둘을 넘어서는 행위(action), 즉 타인과의 자유로운 정치적 상호작용을 가장 인간다운 활동으로 보았다.

한편 리처드 세넷은 아렌트와 달리 노동(labor)과 제작(work)을 위계적으로 구분하지 않는다. 그는 노동의 반복성 속에서도 숙련과 성찰이 가능하며, 제작의 창조성 속에서도 공동체적 윤리가 작동한다고 본다. 세넷에게 장인은 노동자이자 제작자이며, '손으로 생각하는 인간'이다.

기획한 콘셉트를 구현하는 역할에 머문다. 역할 분담 자체가 잘못되었다고 생각하지는 않는다. 복잡한 프로젝트일수록 전체적인 방향을 조율하는 사람과 각 분야별 전문성을 발휘하는 사람이 나뉘는 게 당연하고 합리적이다. 문제는 이런 분업이 '머리'와 '손발'로 서열화되면서 기술진의 창의적 아이디어를 막아 버린다는 것이다. 그로 인해 기술진이 기술을 독점하고 디렉팅을 막는 경우도 발생한다.

세넷은 손과 머리가 서열화되는 원인으로 대량생산 시스템에 초점을 맞추는데, 나는 관료주의의 폐해를 더 힘주어 꼽고 싶다. 국가가 보통 필요로 하는 것은 표준화된 원칙에 근거해 일하는 공무원이지 개별적 기술을 가진 장인이 아니다. 그리하여 콘텐츠 제작 경험이 없는 자가 콘텐츠 전략을 짜고, 산불 진화 경험을 체득한 산불진화대가 산불의 특징을 1도 모르는 관료의 지시를 받는 일이 일어난다. 이러한 과정에서 기술자는 열악한 대우를 감내해야 한다. 물론 어떤 극소수의 기술자는 특급 예우를 받지만, 현재 우리 사회에서 숙련직에 대한 평가와 대우는 그들이 보유한 암묵적 지식의 진정한 가치에 비해 턱없이 부족하다.

나는 '일덕후'로서 기술장이와 기획장이 중 무엇도 포기하기가 힘들다. 기술을 가졌다고 기획에서 열외되는 것도, 기획만 하는 것도 답답하다. 좋은 작업은 기획자가 현장의 기술적 한계와 가능성을 이해하고, 기술진이 전체 작품의 맥락을 파악할 때 나온다. 손과 머리가 따로 놀지 않는, 그래서 쉽게 대체될 수 없는 숙련된 기술을 꿈꾸고 연마하는 이야기가 여기저기서 흘러나오면 좋겠다.

이 책 역시 어쩌다가 그런 생각까지 하게 되어 콘텐츠를 만들어 왔는지에 관한 이야기다. 유튜브며 책이며 SNS며 각종 '~하는 법'을 떠들어 대는 세상에 나까지 책을 쓰면 설익은 매뉴얼 하나 더 추가하는 꼴이 아닐까 내내 고민했지만, 어차피 만능 해결책이라고 말할 것도 아니니! 경험하면서 얻은 생각 자체를 늘어놓는다면 괜찮지 않을까 싶었다. 누군가가 자기만의 길을 터득해 나갈 때 시행착오를 조금 줄일 수 있는 보완재 정도로 활용되면 좋겠다는 마음이다. 정말 그랬으면 좋겠다.

2부

나에게서 타인으로

7   나, 라는 고유한 도구

 중학교 3학년 때 용돈을 아껴 모은 3만5천 원으로 중고 카메라를 샀다. 사실 카메라라고 말하기도 좀 민망한, 손바닥만 한 크기에 액정도 없는 30만 화소짜리 디지털카메라였다. 교복 치마 주머니에 늘 넣고 다녀서 치마 한쪽이 항상 불룩했다. 그것으로 매일 뭔가를 찍어 댔다. 야자 들어가기 전에 잔디밭에 누워 바라본 노을. 교실 창가에서 보이던 바다. 하수구 틈에 자라난 잡초. 줌 기능이 없어서 일부러 멀리 떨어져 교내 풍경을 찍어 보기도 하고, 콧구멍이 보일 때까지 친구의 얼굴에 바짝 다가가기도 했다. 인화는 엄두도 못 낼 정도의 저화질 사진이었지만, 친구들은 덕분에 추억 사진이 많다며 좋아했다. 내가 찍힌 사진은 거의 없다.

앞서 '나'에 대한 이야기를 늘어놓았다. 나의 감각에 주목하기. 내 일상의 우연 포착하기. '나'라는 역사 탐구하기. 씨리얼은 정작 자신을 드러내는 채널이 아니다. 제작진은 거의 모든 순간 카메라 뒤에 숨어 다른 사람을 담아낸다. 질문을 던지는 우리의 존재는 시청자 이해를 돕기 위해 불가피할 때만 남기고 나머지는 전부 편집된다.

노벨문학상을 수상한 폴란드 작가 올가 토카르추크는 『다정한 서술자』(민음사, 2022)에서 말한다. 작가라는 직업을 최대한 대수롭지 않게 여겨야 한다고. '작가'라는 단어에 내포된 환상을 부수고 숭고한 의미를 제거해야 한다고. 우리 같은 유형의 콘텐츠 제작자에게도 '나'라는 존재는 철저히 도구다. 굉장히 유용하면서 고유한 도구. 일할 때 끄적인 메모를 보면 인생을 살기 위해 콘텐츠를 만드는 건지, 콘텐츠를 만들기 위해 사는 건지 헷갈릴 정도다. 나에 대한 탐구는 양실의 콘텐츠를 만들기 위한 작업 그 이상도 이하도 아니다.

저널리즘은 객관성을 위해 자신을 철저히 지우는

게 기본 원칙이다. 나는 그것이 엄밀히는 불가능하다고 생각한다. 어떤 사람을 포착하고, 어떤 질문을 건네고, 어떤 장면을 클로즈업할지 결정하는 모든 순간에 '나'라는 존재가 개입하기 때문이다. 그러니 먼저 나 자신에 대해 명확히 알아야 타인에 대해서도 명확히 말할 수 있다. 내 감정의 좌표가 정확해야 타인의 감정도 정확한 좌표로 전달할 수 있다. 내가 어떤 지점에서 공감하는지 제대로 알아야, 시청자도 그 지점을 함께 느끼도록 이끌 수 있다.

그렇기에 나에 대한 탐구는 나르시시즘이 아니라고 결론 내렸다. 사실 오랫동안 자책했던 부분이다. 왜 나는 남에 대해 말할 때조차 나에게서 벗어나지 못할까. 하지만 이것이 타인을 더 분명히, 더 깊게 이해하기 위한 예비 작업임을 받아들이기로 했다. 전혀 접해 보지 못한 삶을 끝내주게 스토리텔링할 수 있는 재능이 있었다면 아마 소설가나 극본가가 되지 않았을까. 회사 생활을 경험해 보지 않고도 『미생』을 써낸 윤태호 작가처럼.

다만 나에게서 시작한 이야기는 타인으로 끝나야 한다. 이것이 내가 생각하는 '다정한 서술자'의 조건이

자 씨리얼 채널의 전략이고 책무다. 내 경험을 탐구하는 순간, 그것은 더 이상 나만의 것이 아니게 된다. 어떤 강박으로 고생하는 건 나만이 아니고, 퇴근길 카페에서 안정감을 찾는 사람도 나 혼자가 아니다. 내가 특별하다고 여겼던 감정이 사실은 놀랍도록 보편적이라는 걸 깨달음으로써 나는 비로소 타인의 이야기를 할 자격을 얻는다. 그 과정에서 나는 점점 투명해지고 타인의 이야기는 점점 선명해진다.

씨리얼 채널의 성장 과정도 비슷했다. 씨리얼은 2015년 '헬조선' 담론 한가운데서 태어났다. 한국에 사는 청년들의 날선 분노를 담아 정치·사회 이슈를 다루며 시작했다. 기성 언론이 우리의 삶을 제대로 대변하지 못한다는 생각에서 비롯된 것이었다. 씨리얼이 본격 성장했던 2016년 청년들의 분노는 최고조였다. 5월에는 구의역에서 김군이 홀로 스크린도어를 수리하다 열차에 치여 사망했고, 9월에는 장안철교에서 박군이 내진보강공사를 하다 추락사했다. 10월에는 강남역 살인사건이 있었다. 그리고 국정농단 사태가 벌어졌다. 당시 우리는 "중요한 주제를 다루면서도 2030 세대의 언어로 피부에 와닿는 스토리텔링을 한다"는 평을 받았다.[4] 어찌 보면 당연했다. 제작자인 내가 바로 그 불안과 분노로 가득한 20대 비정규직 청년 여성이었기에.

그러나 해를 거듭하면서 씨리얼은 시야를 확장해 나가고 있다. 갈수록 더 답이 없는 미래를 떠안은 청소년에게로. 21세기에 아직도 이동권이 없어 싸우는 장애인에게로. 마음을 다쳐 방에서 나오지 않는 사람들에게로. 다뤄 주고 들어 주는 채널로 변모했다. 내가 힘들다고만 분노하기에는 세상에 힘든 사람이 너무나 많았다. 내가 억울하다고만 비관하기에는 채널 규모가 커지면서 어떤 책임감도 생겨 버렸다. 미약하지만 구체적인 힘을 청년들이 억울하다고만 말하는 데 쓸 것인가 생각해 보면, 그건 아닌 것 같았다.

---

4 「뉴스는 어렵다? '씨리얼'이 꿈꾸는 반전」, 『스토리오브서울』, 2017.5.22.

8 　　　　　　　　　　　첫 인터뷰

내 첫 인터뷰는 KTX 해고 승무원 언니들이었다.

2015년 겨울 비정규직이던 시절, 신입 정규직 공채 최종 면접에서 떨어지고 우연히 한 편의 글을 봤다.[5] 10년 전 (당시) 내 나이 때 국가한테 취업 사기를 당한 언니들 이야기였다.

오늘 우리 누나가 코레일과의 10년간의 싸움에서 졌다. 아니, 제대로 말하면 대한민국 노동 현실과 이미 정치권력에 휘둘린 사법부에 뒤통수를 맞았다. 2004년부터

---

5 「우리 누나 이야기」, 『슬로우뉴스』, 2015.12.1.

2015년 11월 27일까지 10년 동안 계속되었던 우리 누나의 이야기는 좀 길다.

2004년 KTX가 개통되면서 철도청(현 코레일)은 대대적인 홍보를 통해 승무원을 모집했다. '준공무원 대우에 정년 보장' '지상의 스튜어디스'라는 달콤한 문구에 351명을 뽑는 데 4600명이 몰렸다. 13대 1의 경쟁률을 뚫고 합격한 승무원들은 철도청 경영연수원에서 입사 교육을 받고 철도청이 아닌 하도급을 담당한 '홍익회'의 직원이 되었다.

이후 철도청은 지금의 한국철도공사, 코레일로 이름을 변경했다. 하지만 승무원들은 코레일이 아닌 '철도유통'이라는 자회사의 1년짜리 비정규직으로 넘겨졌다. 절차상 늦어지는 거라던 정규직 전환 얘기는 쏙 들어가고 노동조건은 갈수록 나빠졌다. 코레일에서 지급하는 230만 원의 월급은 중간에 떼이고 떼여 세금까지 제하고 나니 140만 원이 되어 수중에 들어왔다. 휴가도 제대로 못 썼다. 안전 관리도 지나치게 허술했다. 또다시 요구된 비정규직 재계약을 거부한 여승무원들은 난생처음 시위를 벌였다. 코레일은 그들을 모두 해고했다. 기나긴 소송이 시작되었다.

1심과 2심 재판부는 모두 "승무원들과 한국철도공사 사이 직접 근로계약 관계가 성립된다"며 해고 승무원들의 손을 들어줬다. 그런데 2015년 대법원이 이를 뒤집어 고등법원으로 파기환송했다. 9년의 싸움이 물거품이 된 것은 물론, 언니들은 이전의 재판 결과로 코레일에서 지급받았던 임금 1인당 8640만 원을 물어내야 하는 처지에 놓였다. 2015년 3월, 그중 한 명이 세 살 난 딸을 두고 아파트에서 몸을 던졌다.

2015년 11월 27일, 고법로 돌아간 파기환송심 재판에서 승무원들은 최종 패소했다. 난 그때 그 글을 읽고 기나긴 싸움의 전말을 알게 됐다. 공기업이 이런 짓을 했다는 게 믿기지 않았다. 더 이상의 출구가 없어 보였다.

글을 읽고 다음 날, 용산에서 열린다는 촛불문화제에 혼자 조용히 나섰다. 이날의 감정은 유독 선명하다. 그곳에서 도리어 내가 치유받고 갈 줄은 몰랐기 때문이다. 언니들은 발언을 끝내고 모여서 할머니가 되어도 싸울 거라며 들국화의 「걱정 말아요 그대」를 불렀다. 당시 주변에서 "걱정 말아라, 잘될 거다"라는 말이야 숱하게 들었지만, 그 노랫말은 내게 내공 가득하고 실체적인 위로로 다가왔다. 마치 눈에 보이는 것처럼 거대하게. 카메라를 들고 노래를 따라 부르며 엉엉 울었다. 언니들이 철도 바깥에 핀 진짜 들국화처럼 보였다.

얼마 뒤 철도노조 사무실에 떨리는 마음으로 찾아갔다. 용산역에 내려 걸어가는 내내 긴장되어 발걸음이 무거웠다. 거대한 무언가와 싸우는 당사자를 만나는 건 난생처음이었다. 조심스럽게 문을 열자 내가 읽은 글의 주인공, 글쓴이의 누나인 권미정 전국철도노조 KTX 여승무원 부지부장이 맞아 주었다. 딱 봐도 나는 대학을 갓 졸업한 초짜의 모습이었을 텐데, 권미정 부지부장은 정성껏 인터뷰에 응해 줬다. 한참 이야기를 나눈 뒤 나는 마지막으로 조심스럽게 물었다. 현실적으로 계속 싸우는 게 쉽지 않아 보이는데 어떤 마음으로 싸우고 있나요. 무례하고 이기적인 질문이었다. 지금의 청년인 내가 위로받기 위한, 즉 사심을 채우기 위한 질문이었기 때문이다.

"내 동생이 그런 일을 안 겪었으면 하는 마음에 계속 투

쟁하고 있어요. 어차피 우리는 다 이미 지나갔어. 우리의 시간들은 지나갔고, 이런 일을 겪는 게 그냥 우리 선에서 끝났으면 좋겠어."

2년 뒤인 2018년, 고생해 준비한 제주 4·3 시리즈 크라우드펀딩에 깜짝 대량 주문이 들어왔다. 실수로 0이 하나 더 붙은 게 아닌가 싶어 주문자 연락처를 찾아 눌러 봤는데, 이미 저장된 번호였다. '권미정 부지부장'이었다. 서둘러 통화 버튼을 눌렀더니 마치 언젠가 연락이 올 줄 알았다는 듯 깔깔 웃는 목소리가 들려왔다. KTX 해고 승무원들이 씨리얼이 준비한 동백 팔찌를 하나씩 맞추기로 한 것이다. 찡한 마음으로 안부를 나누고 얼마 뒤, 나는 비로소 정규직이 되었다.

몇 달 뒤에는 더욱 기적 같은 일이 벌어졌다. 언니들이 기적적으로 복직한 것이다. 1심과 2심을 뒤집은 대법원의 파기환송 결정은 알고 보니 양승태 대법원장 시절 청와대 협조 문건에 포함된 재판 거래였다.[6] 언니들의 시간은 지나간 게 아니었다. 내가 오답을 유도한 것이다.

나에게서 타인으로. 돌이켜 보면 전환점은 KTX 해

고 승무원과의 만남이었다. 이 기획으로 잘못된 정치 사회구조가 개인의 삶을 얼마나 뒤흔들어 놓는지 처음 이해했고, 처음 정면으로 다뤄 보았다. 그 과정에서 뭔가 잘못된 인터뷰를 했음을 깨달았다. 다음엔 싸우는 사람들의 기를 꺾기보단 힘이 되는 일을 해야겠다고 생각했다. 매번, 지금보단 나아져야 한다는 그런 마음으로 차곡차곡 일한다.

씨리얼은 이제 주목받지 못하는 사람들, 모습을 감춘 사람들, 혹은 보이지 않는 데서 묵묵히 타인을 위해 일하는 사람들을 비춘다. 산업재해로 몸이 절단된 노동자, 친족 성폭력 생존자, 왕따였던 어른, 기후위기를 겪는 지구와 인류, 17년째 조현병과 함께 사는 사람, 취업길이 막힌 특성화고 학생들…… 키워드가 많이 우울한가? 하지만 이 영상에 달린 댓글은 결코 우

---

6 양승태 전 대법원장이 상고법원 도입 등 사법부의 이익을 위해 박근혜 정부와 거래하며 강제징용, 전교조 사건 등 주요 재판에 개입했다는 의혹을 받은 사건. 2017년 국정농단 사태 이후 법원 내부 문건과 언론 보도를 통해 드러나며 사법부 독립 훼손의 상징적 사건이 되었다. 전직 대법원장 최초로 형사재판에 넘겨진 양승태는 장기 재판 끝에 2024년 1월, 47개 혐의에 대해 모두 무죄판결을 받았으나 이는 재판 거래 의혹이 없다는 뜻이 아니라 형사범죄로 입증할 증거가 부족하다는 판단이었다.

울하지만은 않다. 뻗어 나가다 보니 자연스레 알게 되기도 했다. 우리의 불완전한 세계는 고통스럽지만, 또한 얼마나 아름다운지를. 아름다움과 고통, 분노와 희망은 늘 함께였다. 고통을 공유하는 과정에서 사적 경험은 공적 경험으로 거듭나고, 그 순간 희망이 싹튼다. 그 과정을 지켜보는 맛은 씁쓸하기보단 달콤하다.

9 인터뷰하는 마음 (1)

　인터뷰하기 전날 밤은 언제나 싱숭생숭하다. 유명한 사람을 만난 적은 별로 없다. 간혹 유력 정치인이나 연예인을 인터뷰할 기회도 있긴 했지만 씨리얼에서 주로 만난 사람은 겉보기엔 평범한 사람들이었다. 출근길에 비슷한 사람 10명은 볼 수 있을 것 같은, 학생, 노인, 아주머니, 아저씨. 그러나 귀 기울여 보면 하나같이 거대한 인생이었다. 작가 은유가 『아무튼, 인터뷰』(제철소, 2025)에서 한 말이 딱 맞다. "그리 대단한 사람도 없다. 그렇다고 그냥 사는 사람도 없다. 모순 없는 두 문장을 잇는다."

가끔 대학 선배들을 만나 근황을 나누면 무엇보다 내 여권이 만료된 지 5년이 넘었다는 얘기에 놀란다. 학창 시절 악착같이 알바해서 '매년 배낭여행을 가던 걔'였던 나는 해외여행을 내려놓았다. 엔저 시절 남들 다 갔던 일본 여행도 가 본 적 없다. 나를 둘러싼 사회가 답답해서 뚫고 나가고만 싶었던 10대와 20대 초반과 달리 지금은 평소에도 받는 자극이 넘친다. 굳이 비행기를 타지 않아도 인터뷰를 하면서 만난 한 명 한 명을 통해 새로운 세계를 본다. 탄소 저감 실천에 한몫하는 것은 덤이고.

벅찬 만큼 스트레스도 적잖다. 사회성 없기로 소문난 INTP인 나는 새로운 사람을 만나는 일에 그리 특화된 편이 아니다. 돌이켜 보면 인터뷰를 직접 하기보다 동료의 등을 떠민 역사가 더 많다. 그래서 인터뷰를 어떤 방식으로, 또 어떤 마음으로 해 왔는지 말하기에 앞서 물어보기로 했다. 한마디로 인터뷰하는 법에 대해 씨리얼 동료들을 인터뷰한 것이다.

심진수는 6년 차 PD로 씨리얼에서 장기 미취업자, 자폐스펙트럼장애 당사자와 부모, 친구를 입양한 사람 등을 인터뷰했다. 현재는 다른 부서에서 새로운 채널을 운영하고 있다. 전서영은 4년 차 PD로 씨리얼에서 경계선지능인, 도박중독 청소년, 마약중독 청년 등을 인터뷰했다. 여전히 씨리얼에서 함께 일하고 있다.

이하 심진수는 심, 전서영은 전, 신혜림은 신으로 표기했다.

*

심 마침 얼마 전에 후배가 다큐를 찍을 때 맨날 자기가 질문하면 단답으로 끝난다고, 인터뷰를 어떻게 하냐고 조언을 구해 왔어요.

신 그래서 뭐라고 말해 줬어요?

심 본인이 레퍼런스로 생각한 영상을 보면서 어떻게 질문했기에 저런 대답이 나왔을까 생각해 보라고 그랬어요. 어떻게 질문을 하면 저런 대답을 할까.

전 선배, 이제 진짜 한참 선배가 됐네요. 저는 신입 때를 돌이켜 보면 필요한 질문을 바로 물어보고 곁들일 말을 뒤에 했어요. 근데 준형 선배[7]가 인터

---

7 씨리얼에서 6년을 일하고 퇴사한 그는 지금 요가원을 운영하고 있다.

뷰할 때 보니까 처음에 스몰토크를 아주 길게 하는 거예요.

신 영상에서는 빠질 걸 감안하고 말이지?

심 근데 생각해 보면 그렇게 많이 빠지지도 않는 것 같아요. 우리는 스몰토크라고 생각하는 내용이 잘 살아남더라고요.

전 맞아요. 의외로 살릴 게 많았어요. 그래서 저렇게 인터뷰할 수도 있군, 생각했어요. 저는 미션 수행이라는 생각으로 꼭 대답을 들어야 하는 질문의 우선순위를 정해 놓고 분위기를 풀려는 노력은 안 하는 초짜였던 거죠.

신 나중에는 점점 준형 PD처럼 됐어요, 아니면 자기만의 다른 방향성이 생겼어요?

전 제가 채택한 방법은, 전문가 인터뷰는 우선순위 질문을 중심으로 짧게 끝내고 일반인 인터뷰는 상황을 봐 가면서 분위기 마사지를 길게 하는 거예요.

심 저는 지금은 주로 말할 준비가 되어 있는 방송인과 일하잖아요. 그래서 모드 전환에 시간이 좀 걸렸어요. 그 사람들은 바로 본론으로 들어갈 준비가 되어 있기 때문에 분위기를 마사지하기보다는 일정에 딱 맞춰서 끝내는 시간 관리가 더 중요하더라고요.

신 처음에는 분위기를 부드럽게 만들려고 했어요?

심 네. 불편할 것 같은 질문도 잘 안 했어요. 이건 씨리얼 때도 고쳐야겠다고 생각한 부분이에요. 씨리얼에서 인터뷰할 때 사람들이 큰 용기 내서 귀한 걸음을 했다는 걸 아니까 그 점이 엄청 신경 쓰였거든요. 기분 상하는 질문을 할까 봐 조심스러웠고. 근데 선배랑 인터뷰 갔을 때 제 생각에 조심스러운 질문을 선배가 하는 걸 보면서 '아, 하나도 무례하지 않았는데 나 혼자 너무 방어했구나'라는 생각을 했어요.

신 그렇군. 두 분은 인터뷰할 때 T(사고형)보다는 F(감정형)이에요?

전 저랑 진수 선배는 서로 각자 T랑 F인 걸 알아서 선배는 자꾸 T인 척 접근하고 저는 자꾸 F인 척 접근하는 것 같아요.

신 서로 원래 자기 성향과 반대로 인터뷰한다?

전 네. 저는 사실 공감이 바로 안 되거든요. 공감 이

전에 반론이 먼저 드는 T 타입이어서 제 성향을 보정하려고 일부러 더 과하게 공감하려는 것 같아요. 인터뷰를 편집하면서 질문하는 제 목소리를 듣잖아요. 혼자 개오바했네, 이런 생각을 하면서 편집해요.

심 맞아요. 서영은 F처럼 인터뷰해요.

전 그리고 높은 확률로 F처럼 인터뷰하는 게 훨씬 도움이 되더라고요. 아까 전문가는 필요한 질문 위주로 짧게 인터뷰한다고 했지만, 얼마 전에 청소년을 연구하는 박사님을 취재하면서는 학문적으로 접근하기보다 공감하면서 던진 질문에 훨씬 좋은 답이 나왔어요.

심 제가 신입 때 저지른 엄청난 패착을 돌이켜 보면, 이게 어쨌든 대화가 아니라 일로 하는 인터뷰잖아요. 영상으로 산출해야 하는. 근데 대화라고 생각해서 내가 이해하는 부분은 안 물어보고 지나간 거예요. 사람들이 좋은 인터뷰라고 드는 예시를 생각해 보면 보통 진행자가 있는 경우가 많잖아요. 씨리얼은 진행자 없이 인터뷰이의 이야기로 구성되는데, 되게 중요한 정보도 내가 이해했다고 내용을 안 따고 넘어가 버린 거예요. 사전 통화 때 이미 들었다고 또 넘어가고. 인터뷰 다 끝나고 혼나면서 깨달았죠.

신 "아니, 이걸 왜 안 물어봤어!"

심 내가 아니라 콘텐츠를 보는 사람 입장에서 인터뷰해야 한다는 걸 깨달았어요.

신 나 좀 잘했다 싶었던 인터뷰는 없어요? 인터뷰가 잘됐다, 좋은 대화를 나눴다, 이런 거.

전 저는 도박중독 청소년.

신 왠지 그 얘기를 할 것 같았어.

전 그들은 나만 예뻐할 수 있어! (웃음) 경계선지능인도 마찬가지고. 저는 '인간 싫어! 배척!' 이런 성향의 사람이었으니까, '이 주제는 그냥 사회문제로 보여 주자'가 원래 제가 가진 스탠스였거든요. 그런데 각자의 이야기를 들으면서 점점 어떤 연민의 감정을 갖게 되더라고요. 이 콘텐츠가 이들에게도 도움이 됐으면 좋겠다는 마음으로 제작했어요.

심 저도 비슷한 마음으로 했던 게 성인 ADHD랑 자폐스펙트럼장애 당사자 인터뷰예요. 그런 마음이

들 때 가장 열심히 했던 것 같아요.

신 결국 사랑하는 마음이 있어야 좋은 인터뷰가 나오는 것 같아요. 어떤 인터뷰에나 해당하는 건 아니지만. 그런데 사람들을 만나서 감정이입하는 게 씨리얼에서 일하며 힘든 점이기도 하잖아요. 둘은 어때요?

전 누군가 해 주는 "잘 봤어요"라는 말 한마디면 힘들었던 게 좀 해소돼요. 힘들 만했군. 그 정도.

심 저는 너무 몰입해서 마음이 힘들다 싶었던 적이 별로 없었어요. 그리고 그건 제가 씨리얼 팀에서 일하기 시작한 지 얼마 되지 않았을 때 회사 일에 과몰입하지 않기로 결정했기 때문이에요. PD 일이 원래 퇴근하고도 계속 생각해야 하잖아요. 그게 스스로를 너무 힘들게 하는 것 같아서 그러지 않기로 결심했어요. 최근에 성격 유형 검사 같은 걸 받았는데, 제가 감정을 스스로 처리해 본 경험이 적은 것 같다는 피드백을 들었어요. 돌이켜 보면 깊은 감정이 두려워서 감정을 회피해 온 것 같기도 해요.

    인터뷰이의 감정에 동화되기보다 잘 모르는 사

람들이 가질 만한 질문을 일부러 할 때도 있어요. 예를 들면 '그래서 장기 미취업자들은 뭔 돈으로 생활하는데?', '비혼이면서 입양하면 애는 뭔 죄야?' 같이, 댓글에 달릴 법한 질문을 던지면서(물론 이런 질문을 하는 맥락도 함께 설명하고요) 대답을 스스로도 찾아가는 거죠. 질문할 때는 대중을 대변하고, 구성하고 편집할 때는 인터뷰이 입장을 더 살피는 것 같아요. 그리고 퇴근하면 씨리얼과 아무 상관 없는 예능의 세계로 도피……

전 이태원 참사는 진짜 감정 소모를 많이 했어요.

심 아, 저도 이태원은 그랬던 것 같아요. 사실 촬영하고 편집하는 내내 생각보다 괜찮아서 그게 더 이상했거든요. 사건에 이입하기보다 일을 해야 한다는 마음을 강하게 먹어서 오히려 생각대로 현장이 안 돌아가면 화가 나기도 했어요. 옆에서는 인터뷰하며 막 우는데 난 안 울었거든요. 근데 끝나고 업로드 걸자마자 갑자기 토할 것 같았어요. 이런 우리가 괴물 같아서. 출연자를 이용하는 게 아닐까 하는 생각 때문에 가장 괴로운 것 같아요. 우린 조회수에 신경 쓰는 사람들이니까. 이 사람은 나한테 이만큼 진심인데 나는 그만큼 진심일까 생각하게 돼요.

전 전 이태원 참사 2주기 유가족 인터뷰 때 너무 슬펐어요. 아직도 인터뷰를 다시 들으면 힘들어요.

신 전서영은 T인데 울음이 많지.

심 그때는 선배가 많이 울지 않았어요?

신 나는 뭐 조금 들썩거린 정도였고요.

심 저는 마약에 중독된 여성을 인터뷰할 때 제일 슬펐던 것 같아요.

전 맞아. 듣는 내내 같이 힘들었어.

심 그 인터뷰가 제일 슬펐어요.

10 인터뷰하는 마음 (2)

  자식을 잃은 부모를 인터뷰할 때는 잔인해져야 한다. 어떻게 자식을 잃었는지부터 물어야 하기 때문이다. 거침없이 유창한 대답이 돌아오면 어김없이 마음이 무너진다. 저 이야기를 얼마나 많이 반복해 왔는지, 이를 위해 가슴 아픈 회상을 얼마나 거듭했는지 가늠이 된다. 이런 질문을 해야 하는 우리가 종종 괴물 같다는 동료의 말에 공감한다. 우리는 분명 '이야기'가 될 만한 주제를 선택하고, 사람들이 주목할 만한 질문을 던진다. 나도 그 굴레에서 자유롭지 못하며 자주 괴롭다. 다만 비로소 조금은 정리된 생각이 있다.

"아이의 마지막 길을 모르니까 그냥 상상해요. 마지막으로 상상한 게, 우리 아이가 발이 땅에 닿지도 않았겠구나."

—신지현(이태원 참사 희생자 故 김산하 어머니), 「자고 일어나니 아이가 사라져 있었다」(2024)

이태원 참사 유가족 네 사람을 만났다. 전주에서 온 효균 아버지, 부산에서 온 산하 어머니, 호주에서 온 그레이스 어머니, 서울의 재현 어머니. 2022년 10월 29일, 서울 용산구 이태원에서 발생한 참사로 159명의 삶이 스러진 지 2년이 지난 후였다. 그날 사람들은 전국 각지와 해외에서 이태원으로 모여든 것이었기 때문에 사고 이후 유가족과 생존자 역시 전국에 흩어져 있었다. 효균 아버지 문성철은 "아무도 유족이 누구고 어디에 있는지 가르쳐 주지 않았기 때문에 유가족 스스로 서로의 연락처를 찾아 모였다"고 당시를 회상했다.

유족 인터뷰는 내내 슬프지 않다. 오히려 웃으며 나누는 대화가 길게 이어질 때도 있다. 인터뷰 전에도 명랑하다. 산하 어머니는 물을 적게 부은 진한 믹스커피를 부탁하셨는데, 내가 그만 물 조절에 실패해 맹탕 커피를 만들고 만 것이다. 어머니는 그럴 줄 알았다는 듯 믹스커피 한 봉을 더 뜯어 섞으며 괜찮다며 꺄르르 웃으셨다. 그렇게 인터뷰가 시작됐다. 어머니는 말도 없이 떠돌이 강아지를 집으로 데려왔던 딸의 흉을 보았다. "분명히 지가 똥 안 치울 거 알거든!" 그러다 남겨진 강아지를 볼 때마다 딸이 떠오른다며 이내 울었다.

이것도 효균 아버지가 설명해 주었다. 유족들은 죽은 식구의 이야기를 평소에도 아무렇지 않게 하고 싶어 한다고. 하지만 다른 사람들이랑 죽은 사람 이야기를 계속하는 것도 좀 그렇고, 울다 웃다 하는 게 남들 눈에 이상하게 보일 수도 있어 일상에서는 그럴 수가 없다고 했다. 그래서 유족이 모이는 분향소를 유지하는 게 중요하다고. 감당하기 힘든 고통을 겪고도 웃음을 잃지 않고, 딸이 남긴 강아지를 돌보며 일상을 꾸려 나가다가도 먼 길을 올라와 딸의 억울한 죽음을 호소하는 모습 앞에서 나는 숙연해졌다. 자고 일어나니 아이가 사라진 부모의 일상이 흐릿하게나마 내 속에도 그려졌다.

이런 질문을 받은 적이 있다. "그간의 작업을 하면

서 가장 중요했던 감정을 하나만 꼽자면 무엇인가요?" 그때 나는 경외심을 꼽았다. 영화 『인사이드 아웃』의 감정 자문을 맡았던 대커 켈트너 UC버클리 심리학과 교수는 저서 『경외심』(위즈덤하우스, 2024)에서 "현재 나의 세계 이해를 초월하는 광대한 무언가의 존재 앞에서 느끼는 감정"이 경외심awe이라고 설명한다.

살아 있는 자체가 경이로운 사람들이 있다. 그들의 행보는 때때로 보통 사람이 해낼 수 있는 범위를 훌쩍 넘어선다. 태안화력발전소에서 일하다 죽은 노동자 故 김용균의 어머니 김미숙이 그렇다. 비록 하청 노동자였던 김용균의 원청 기업인 서부발전은 무죄를 받았지만, 김미숙은 책임져야 할 자들이 다시는 빠져나가지 못하도록 하는 법을 만들어 냈다. 그는 지금도 비슷한 일을 겪은 사람이 나타나면 제일 먼저 달려가 유족의 손을 잡아 준다.

> 비정규직들의 편지를 받았는데 다 용균이처럼 위험하게 일하는 사람들이더라고요. 또 다른 용균이들이 이렇게 많구나 생각하고 그 편지 읽으면서 많이 울었어요. 너무 현실이 답답해서. 애들이 불쌍해서.

— 김미숙, 「용균이의 엄마 김미숙입니다
｜김용균 5주기」(2023)

   한편 자기 안에서 작은 경이로움을 만들어 내는 사람도 있다. 요즘은 그냥 사는 것 자체가 고통인 것 같다. 그래서 인간이 고통을 헤쳐 나가며 살아가는 모습, 피해자와 생존자, 조력자의 회복력에서 경외심을 느끼기도 한다. 용기 내 방문을 열고 나온 고립·은둔 청년부터 농민과 연대하기 위해 남태령에 모여 밤을 지새운 사람들까지, 여태껏 씨리얼에서 직간접적으로 만난 많은 등장인물이 그랬다.

   작업의 동력이 되는 감정이라면 분명 처음에는 분노였다. 씨리얼은 앞서 말했듯 '헬조선' 담론 한가운데서 태어났고, 헬조선은 대단히 감정적인 담론이었다. 불공정한 사회와 나아지지 않는 현실에 대한 원망이 콘텐츠의 연료였다. 그러나 분노는 강력한 만큼 쉽게 소진된다. 타오르다 재가 되어 버리고 만다. 반면 경외심은 나의 감정을 끓어오르게 하기보단 한 차례 가라앉히고, 나를 앞세우기보단 여럿이 함께 가게 만든다. 이는 분노보다 훨씬 장기적인 동력이 된다.

정말 우리와 출연자의 관계, 사건과의 관계를 '이용'으로만 결론 내릴 수 있을까? 감정을 교류하고 이어받기 위해 노력한 순간을 우리 스스로 지워 버리는 것은 아닐까? 이태원 참사 직후 추모하러 온 사람들에게 인터뷰를 요청할 때도 마음 아픈 사람들을 콘텐츠로 끌어들이려는 태도만 가득했다고 생각하지 않는다. 내가 지켜본 동료들은 이태원까지 발걸음한 사람들의 이타심과 공감력에 집중했고, 이 기획이 왜 진행되어야 하는지에 대해서도 서로 공감했다.

씨리얼에서 친족 성폭력 생존자, 코로나로 갑자기 해고된 사람 등 다수의 인터뷰 기획을 했던 황민아 PD는 씨리얼 Q&A 영상에서 이렇게 말한다. "궁극적으로 이 이야기가 널리 퍼지는 것이 좋잖아요. 어떻게 많은 사람이 보게끔 할 수 있을까, 진짜 많이 고민했던 것 같아요. 스토리텔링을 좀 잘해 보자, 뻔하지 않게. 뉴스가 뉴스처럼 보이지 않게, 어떤 이야기처럼 보이게 하자. 그리고 최대한 이 사람이 이 사람답게 나올 수 있게 노력해 보자. 이런 생각을 많이 했던 거 같아요." 한 사람 앞에서 숙연해졌던 마음을 시청자에게 전달하기 위해 우리는 이렇게 꽤 오래 고민하고, 스토리텔링에 공들인다.

*

 한편 요즘 나는 또 다른 변화를 감지하고 있다. 분노가 경외심으로 이동했듯, 콘텐츠를 만드는 중심 감정이 새롭게 만들어지고 있는 것 같다. 근래 진행했던 '이대남 극우화 논란' '이준석 지지자' 인터뷰를 통해서 이러한 변화가 선명해졌다. "혐오 갈라치기 정치인을 조명하는 것 별로다", "왜 남성들 이야기를 듣냐"…… 기획 전부터 욕도 참 많이 먹었다. 우리는 왜 이런 인터뷰가 필요하다고 봤을까? 전서영 PD는 후기에서 말한다. "'넌 나랑 신념이 안 맞아'라고 배척하기보다 그들의 감정을 살펴보는 시도를 한번 해 보면 어떨까."

 비록 그들이 지지하는 이준석이란 정치인은 어떤 정치사회현상이 일어났을 때 '왜?'를 생각하지 않는 정치인이다. 장애인이 왜 시위를 할 수밖에 없는가. 여성이 여전히 구조적 차별을 부르짖는 이유가 무엇인가. 이런 질문이 결여된 정치를 하고 있다. 그러나 시민끼리는 다를 수 있다. 왜 이준석을 지지하는지, 왜 이성과 과학과 논리를 부르짖는 우리는 감정적으로 불안하고 우울한지 질문해 볼 수 있다. 분명 이 인터뷰를 진행하면서는 경외심이 들긴커녕 되레 불편할 때가 많았다. 하지만 선 긋기보다는 이해해 보고 싶었다. 결국 같이 살아갈 사람들이니까.

'이해'가 곧 '동의'는 아니다. 나는 이해란 상대가 왜 그렇게 생각하게 됐는지 과정을 따라가 보는 일이라고 생각한다. 결론에 동의하지 않아도 경위에는 수긍할 수 있다.

이해심은 경외심과 달리 밖에서 오는 감정이 아니라 내 안에서 시작되는 능동적인 감정이다. 또한 내 안으로만 수렴하는 이해'받고' 싶은 마음과 달리, 상대의 세계로 나아가는 발산의 감정이다. 역설적이게도, 나와 매우 다른 타인을 이해하는 과정에서 도리어 나를 이해받을 수도, 스스로를 더 명료하게 이해하게 될 수도 있었다. 다른 생각을 마주하는 작업은 늘 어렵지만 불편함을 견디는 힘이 필요한 시대다. 분노만으로는 한계가 있고, 경외심만으로는 닿을 수 없는 곳이 있었다. 이해심이 그 간극을 조금이나마 메워 주지 않을까, 요즘은 생각한다.

번외. 질문지 작성 팁

1. 질문지는 왜 이런 질문을 썼는지 설명한 내부 공유용(혹은 셀프용), 군더더기 없이 큼직한 질문만 적은 인터뷰이용을 구분해서 작성한다. 장황한 질문지는 인터뷰이를 질리거나 겁먹게 한다. 1시간 인터뷰 기준 질문 10개를 넘기지 말자.

2. 같은 주제 안에서 여러 명을 인터뷰할 때는 공통 질문을 준비한다. 가령 A는 전문가, B는 실무자, C는 당사자 등 각자 다른 역할이라 하더라도 같은 질문을 했을 때 다른 관점의 색다른 답변을 들을 수 있다.

3. 인터뷰 결과물을 주로 접하게 될 독자의 특성을 미리 설명해 주는 것이 좋다. 그래야 맞춤형 대답이 나올 확률이 높다. 씨리얼의 경우 '청년의 눈높이에 맞춰 정치사회 이슈를 전달하는 뉴미디어'이며 '10대부터 30대까지 청(소)년이 주 시청층'이라는 정보를 제공한다.

4. 인터뷰 현장도 그 자체로 콘텐츠다. 따라서 질문지에도 강약이 필요하다. 구조적인 질문과 사소하지

만 인터뷰의 차별성을 확보할 수 있는 질문을 고루 골라 배치하자.

5. 질문자의 '괄호의 기획 의도'가 드러나는 질문을 적절히 한두 개만 삽입해도 인터뷰는 특별해진다. 단, 특별한 질문을 하고 싶은 욕망으로 점철된 질문지는 좋지 않은 결과를 불러일으키니 적당히 녹여보자.

11   출연할 결심

「특성화고 학생들이 정부에 따질 수밖에 없는 이유」 (2020). 이 영상에서 시작된 나비효과를 이야기하고 싶다. 발원지는 코로나19 사태였다. 사회의 약한 고리가 하나둘 끊어지던 때였고, 특성화고 학생들도 예외가 아니었다. 취업률이 바닥을 치며 학생들은 결국 운동장으로 나왔다. 고졸 일자리 확대와 정부의 취업 방안 마련을 요구하는 피켓 퍼포먼스를 한 것이다. 주목을 바라는 몸부림이었지만 관련 기사에 달린 댓글은 차갑기만 했다.

대졸도 취업 못해서 난리인데 고졸은 당연한 거 아니냐. 남들 공부할 때 공부 안 하고 실업계 간 너희 탓이다.

평소 특성화고 학생들의 이야기를 꺼내고 싶었지만, 인문계고–대학 진학이라는 '일반 코스'를 밟아 온 우리가 이 이야기를 제대로 할 수 있을지 자신이 없어 미뤄 둔 차였다. 솔직히 중학교 시절에 적잖은 스트레스를 줬던 동급생 대부분이 특성화고에 진학했던 기억 때문에 내 안에 생겨 버린 편견도 있었다. 하지만 간절하게 피켓을 든 고등학생들의 얼굴을 앞에 두고도 냉소하고 조롱하는 댓글을 보니, 더는 미룰 수 없다는 결심이 섰다.

특성화고등학생권리연합회와 특성화고노조 같은 관련 단체에 문의해 특성화고 재학생 두 명과 졸업생 두 명을 모을 수 있었다. 학생들의 말솜씨는 다소 어눌했다. 대답도 짧고, 논리적이기보다는 다소 감정적으로 들리기도 했다. 다시 말해 충분히 언어화가 되지 않은 느낌이었다. 인터뷰에 함께 들어간 동료 대부분이 긴 인터뷰가 끝난 직후 망한 것 같다고 했다.

그래서 노이즈를 들어내는 일이 우리가 하는 일 중

에서 무엇보다 중요하다. 상황을 파악할 때 말주변의 유무는 고려할 요소가 아니다. 하지만 현실에서는 말주변이 아주 강력하게 작용한다. 사회는 '말 잘하는 사람'을 믿는다. 토론 프로그램에서도, 법정에서도, 학교 발표에서도 마찬가지다. 유창하게 말하는 사람의 주장이 더 설득력 있어 보이고, 더 똑똑해 보이고, 더 힘을 실어 줘야 할 것처럼 보인다. 더듬거나 말끝을 흐리거나 논리적으로 정리되지 않은 이야기는 쉽게 무시당한다.

씨리얼이 만나는 사람 중엔 이런 편견의 피해자가 많다. 그저 말을 좀 더듬어서 왕따당한 사람, 발달장애인, 관심병사. 심지어 전문가도 언변이 부족하면 중요한 지적을 해도 빛을 발하지 못한다. 특성화고 학생들도 비슷한 경우라고 생각했다. 이들이 겪은 부당함은 분명했다. 문제의식도 날카로웠다. 그것을 논리정연하고 공감되게 전달할 언어를 아직 정돈하지 못했을 뿐이었다. 내용을 가리는 요소를 제거하고 맞지 않는 주술 관계를 바로잡고 나니, 비로소 현실이 드러났다.

특성화고는 어른들이 만들어 놓은 선택지다. 시기가 되면 중학교마다 돌아다니며 상당히 좋은 선택지로 포장해 적극적으로 홍보한다. 그 홍보에 끌려 특성화고에 진학한 100명 중 16명의 학생은 오히려 나이에 맞지 않게 현실적인 편이었다. 가정 형편 때문에, 냉정하게 높다고 볼 수 없는 성적 때문에, 혹은 '졸업장 하나 더 따는 것 말고는 얻을 게 없을 것 같은' 대학 진학보다 빠른 취업이 낫다고 판단해서.

그렇게 진학하고 보니 특성화고는 교육 당국이 신경 쓰지 않는 버려진 공간이었다. 졸업 후 주어지는 일자리는 대부분 저임금 고위험 일자리였고, 거친 노동환경은 사회 경험이 전무한 청소년이 갑자기 마주하기엔 버거웠다. 이런 와중에 취업률마저 코로나로 바닥을 쳤다. 이들에겐 대학생같이 졸업을 유예할 방법도 없었다. 방법이 보이지 않아 피켓을 들었더니 무책임한 댓글만 달렸다. 분명 어른들이 고졸이어도 괜찮다고 해서 선택했는데, 현실은 어떻게 고졸이 괜찮은 삶을 살 수 있냐고 조롱했다. 나는 섬네일을 '이 정도면 인생 사기'라고 달았다.

놀랍게도 기존 기사와는 사뭇 다른 댓글이 우수수 달리기 시작했다. 특성화고 재학생과 졸업생 당사자가 등판한 것이었다. 그들은 '내 불만을 대신 말해 주는 느낌'이라며 10대부터 노동을 했던 경험, 졸업 이후 학력 차별을 당했던 경험을 갖가지로 공유했다. 침묵하던 사람들이 폭발적으로 몰려드는 댓글창을 실시간으로 마주하며 결단을 내렸다. 지금이다. 더 들어가 봐야겠다.

  화력이 모였을 때 화두를 던지면 응답자는 몇 배가 된다. 지금도 씨리얼이 독자와 함께 만들어 나가는 콘텐츠를 기획할 때 쓰는 방식이다. 특성화고 학생 모두가 가정 형편 때문에 특성화고를 선택한 것은 아니지만, 인터뷰를 거듭하며 상관관계가 높다고 느꼈다. 우리는 그 계급적 문제를 과감하게 파고들 참이었다. 입시 위주 교육 현장 바깥 사각지대에서 청소년기를 보낸 사람들의 사연을 더 적극적으로 모집했다. 소위 '노는 애들'이라고 쉽게 불리는 특성화고 학생, 아르바이트하는 청소년, '입시' 공부를 하지 않는 청소년의 이야기였다. 그들은 다시 말해 일하는 청소년, 빚진 청소년, 가난하지만 예체능을 꿈꾸는 청소년, 가족을 돌봐야 하는 청소년, 보육원에 사는 청소년이었다. 그렇게 힘겨운 10대 시기를 지나 또 하루하루를 근근이 살아가는, 여전히 맺힌 말이 많은 2030이 모였다. '영끌 투자 시대에 한 푼 없이 태어난 영혼들이 묻는'『용돈 없는 청소년』시리즈(2020)가 그것이다. 예상 독자는 명확했다. 주어지는 용돈 한 푼 없이 10대 시기를 보내고 있을 바로 지금의 용돈 없는 청소년이었다.

> 교육양극화에 대한 이야기를 하고 싶어요. 저는 기초생활수급자인 학생입니다.

사연을 모집하던 중, 한 10대 친구가 '교육양극화에 대해 말하고 싶다'고 글을 보내 왔다. 우리가 예상 독자라고 생각했던, 지금 당장 힘듦을 겪는 현재진행형의 사연이었다.

인터뷰 후 5년이 지난 지금도 난 그날 스튜디오의 공기를 잊지 못한다. 특성화고에 다니지는 않지만 특성화고 학생들이 겪는 불평등에 공감해 씨리얼을 구독하게 되었고, 용기 내어 이렇게 긴 글까지 보내게 되었다는 고등학생. 그의 떨리지만 단단한 독백을 우리는 숨죽이고 들었다. 그는 누구에게도 하지 못한 말을 씨리얼에만 털어놓아 친구들에게 미안하다고 했다.

100만 원이 넘는 아이패드를 유아용으로 척척 사

주는 세상이다. 하지만 여전히 누군가는 단칸방에서 학교에서 빌린 노트북으로 온라인 수업을 듣는다. 설거지하는 엄마 옆에서. 감수성이 폭발하는 시기이자 진로에 대한 고민이 가장 깊을 청소년기에 누군가는 코로나19라는 전염병을 맞아 현실을 더 짙게 마주하고 있었다.

"한 친구가 그러더라고요. '우리가 소고기야? 왜 이렇게 등급을 매겨.' 등급이 좋으면 좋을수록 비싸고 잘 먹잖아요. 저는 등급이 안 좋은 소고기가 되기로 결심했어요."

―「교육양극화에 대해서 말하고 싶어요」(2021)

그의 말에는 쓸쓸함과 함께 묘한 품격이 깃들어 있었다. 놀러 간 친구 집에 자기 방과 거실이 있는 걸 보고 질투하는 자신의 모습이 싫었다는 얘길 하면서도 그의 목소리에는 왠지 모르게 강단이 묻어났다. 이 인터뷰는 『용돈 없는 청소년』 시리즈와 별개로 먼저 공개했다. 당시 연출을 맡은 동료 박준형 PD는 은은한 조명을 통해 그의 실루엣만 남기는 섬세한 익명 처리를 했다. 이 경우에는 촬영과 조명으로 노이즈를 들어내고 본질에 집중시킨 것이다.

인터뷰 말미에 그는 자신과 비슷한 경험이 있는 '어딘가에 있을 나의' 친구를 위해 써 온 편지를 읽었다.

내 얘기가 당신에게 위로가 될 수 있다는 말에 용기를 내서 이렇게 출연을 하게 됐어요. 우리는 어떤 씨앗이길래 이렇게 고난을 겪어야 할까요? 우린 함께 행복할 수 있을까요? 다른 사람이 더 빠르다고 조급해하지 말아요. 비교는 자신에게 쏘는 화살이에요. 행복은 자기가 줘야 해요. 저도 그랬어요. 당신이 스스로 혼자라고 느낄 때 저를 생각해 주세요. 어딘가에서 함께 살아가고 있을게요. 홀로 살아가는 아름다운 당신에게, 친구가 보냄.

끝내 고백하지 못하고 헤어졌지만, 난 그날 그 친구한테 크게 '치였다'. 차마 그런 말은 못하고 꼭 글을 쓰면 좋겠다고, 이왕이면 작사를 한번 해 보라는 바람만 간신히 건넸던 기억이 난다. 그의 글과 말에 운율감이 살아 있었기 때문이다. 이런 재능은 등급에서 누락되는 수능 중심의 교육 시스템이 참 한심했다.

물론 빈곤 청소년 당사자가 자신의 처지를 직접 말하는 방식이 너무 자극적이지는 않을까 많이 고민했다. 그러나 인터뷰에 응한 당사자들은 하나같이 자신과 비슷한 어려움을 겪고 있을 누군가에게 위로를 전하기 위해 출연을 결심했다고 말했다. 그의 경우에는 신문 기사를 통해 현실을 마주했다고 했다. 가난할수록 더 열악한 환경에서 공부할 수밖에 없고, 결국 격차는 더욱 벌어진다는 현실을. 그래서 이런 교육양극화에 대해 '직접' 말해 보고 싶고, 같은 처지의 친구에게 말을 건네 보고 싶다고 했다.

자기 이야기를 공개하는 데는 엄청난 용기가 필요하다. 그러나 당사자의 이야기는 쏟아 낸 용기 이상의 에너지를 주는 것이 사실이다. 그래서 우리는 출연할 결심을 귀중하게 여기며 책임감을 갖고 이야기를 담아내려 애쓴다. 그렇지 않으면 '가난한 건 죄'라는 이야기로만 가득한 세상이 될 테니까.

12   그릇에 대하여

예나 씨를 만난 건 열정 가득한 수습기자 성민 씨 덕분이었다. 지역국 신입 기자로 뽑혀 서울에서 수습 교육을 받기 위해 씨리얼 팀에 약 3주간 배치된 그는 공무원인 친구에게서 흥미로운 얘기를 들었다고 했다. 요즘 주민센터에 청년들의 발길이 부쩍 늘었다는 것이다.

'동사무소에 기웃거리는 청년들'이라는 주제로 취재를 시작한 수습기자 성민과 아름은 시청, 청년센터, 주민센터 등 수많은 기관에 전화를 걸고 직접 찾아갔다. 그렇게 사회취약계층 복지 최전선의 관계자들을 만났고, 연결된 사람이 예나 씨였다. 그는 연이은 개인적 불행과 극심한 생활고로 자살까지 고민했지만, 끝내 살고자 주민센터를 직접 찾아간 청년이었다.

"(처음에는) 동사무소에 가서 얘기를 하기가 너무 힘든 거예요. 찾아가는 것도 되게 오래 걸렸어요. 사람들이 봤을 때 청년이면 일할 능력이 있는 거 아니야? 이런 생각을 할 것 같고, 사람들이 어떤 시선으로 바라볼까, 이런 것 때문에 좀 두렵기도 했고……"

―「2025년 대한민국에서 벌어지고 있는 현상입니다」
(2025)

자신의 어려운 상황을 털어놓기가 결코 쉽진 않았지만, 두려움을 넘어 딱 한 발짝을 내딛자 적극적으로 도와주려는 이들을 마주할 수 있었다. 예나 씨는 그들에게 고마워서라도 힘을 내 지원 사업에 필요한 모든 서류를 준비해 갔다. 비슷한 상황에 처한 이들에게 정말 한 발짝, 그게 힘들면 반 발짝만이라도 내딛어 보라고 말하고 싶어서 그는 실명으로 카메라 앞에 앉았다. 다소 떨리지만 담담한 목소리로 1시간 동안 맨얼

굴과 맨목소리로 자신의 이야기를 풀어냈다. 나는 인터뷰 과정에서 혹시나 싶어 재차 물어봤다. 블러 처리나 음성변조가 필요하지 않냐고. 예나 씨는 조금의 흔들림도 없이 괜찮다고 했다. 성민은 나중에 말했다. 이 내용이 자신이 앞으로 만들어야 할 몇 초짜리 인터뷰로 나갔을 것을 생각하면 아찔하다고.

씨리얼은 업계에서 '뉴미디어'로 불린다. 10여 년 전 유튜브나 SNS를 통해 뉴스를 소비하는 경향이 강해지면서 언론사마다 새로운 브랜드를 만들었는데, 그걸 보통 뉴미디어라 부른다. SBS의 '스브스뉴스', MBC의 '14F', KBS의 '크랩', JTBC의 '헤이뉴스'가 그것이다.[8] 다른 한편에는 전통 공식을 따르는 '레거시 미디어'가 있다. 레거시의 핵심은 전파, 지면으로 대표되는 인프라다. 레거시 미디어의 기자·PD는 그 유산을 유지하

---

8 방송사만이 아니라 신문사에도 많았다. 중앙일보의 '듣똑라', 한국일보의 '프란' 등인데, 이 브랜드들은 대부분 운영을 중단했다. '닷페이스' 같은 미디어 스타트업도 마찬가지다. 이유는 여러 가지겠지만 방송사와 달리 활용할 만한 레거시, 즉 영상 소스가 없다는 문제점이 컸을 것이다. 영상을 만들려면, 전부 발품 들여 찍어 오거나 그래픽을 만들어야 하기 때문에 같은 길이의 영상 한 편을 만드는 데 들어가는 노동력, 즉 오리지널 영상 브랜드를 운영하기 위한 비용이 몇 배가 된다. 우리도 마찬가지 사정이라 고민이 많다.

는 문법을 구사한다. 그러니까 편성 시간, 지면 크기의 한계에 맞추어 보도한다. 반면 물려받은 유산이 없는 만큼 지켜야 할 문법도 없는 뉴미디어는 유연하다. 필요하면 얼마든지 길게 담아낼 수 있다.

담을 그릇이 없어 드러나지 않은 이야기가 세상엔 너무나 많다. 관련해서 생각나는 인터뷰가 또 있다. 서울대 청소 노동자 사망 사건의 유족 이홍구 씨와의 강렬한 만남이다. 2021년 6월, 서울대 기숙사에서 일하던 50대 여성 청소 노동자가 휴게실에서 심근경색으로 사망했다. 고인이 사망 직전까지 고된 일에 시달린 정황과 함께 업무와 무관한 필기시험을 요구받은 사실이 드러나면서 서울대는 시민들의 거센 분노를 샀다. 이홍구 씨는 고인의 남편이었다. 그 역시 서울대 시설 관리 노동자였다.

나는 사건이 일어나고 약 한 달 뒤 그를 만났다. 사건 해결을 돕고 있던 모 의원실에서 연락이 왔다. 의원이 유족분을 만났는데 좀 더 깊게 인터뷰해 보면 좋겠으니 씨리얼에 한번 연락해 보라 했다는 것이다. 기존 보도를 찾아봤다. 당시 보도가 엄청 쏟아졌는데 10초를 넘는 영상 인터뷰가 거의 없었다. '억울하다'는 정도의 멘트가 전부였다. 텍스트로 된 기사도 고인이나 유족의 삶에 대해서는 대체로 단편적으로만 언급하고 있었다.

알고 보니 부부는 특별한 이력이 있었다. 해외에서 오랜 기간 가난한 이들을 돕는 봉사를 하며 살다가 한국으로 돌아온 사람들이었다. 귀국한 뒤에는 자식에게 손 벌리며 살고 싶지 않아 이홍구 씨가 먼저 서울대에 취업했고, 나중에 아내에게도 직접 청소 일을 권했다고 했다. 주어진 대로 살다 이곳에 닿은 것이 아니라, 실은 주어진 것을 타인을 위해 내놓으며 살다가 닿은 것이었다.

"직업에는 분명히 귀천이 있고, 우리는 천하게 비치지 않으려고 발버둥 치는 삶을 살게 된 것 같아요. 저희같이 허드렛일하는 사람을 바라보는 세상의 시각이 그렇잖아요. 우리가 아무리 자부심이 있은들 무엇 하겠냐는 거예요."

─「직업으로 우리의 삶을 속단하는 당신들에게」(2021)

시험에서 일등한 사람들이 모인 서울대는 급기야

청소 노동자에게까지 영어 단어 시험지를 내밀었다. 시험만이 가장 공정한 기준이라고 여기는 시험만능주의가 한국을 삼켜 버렸다. 그렇게 시험에서 비롯된 학벌과 직업(직장)은 한국에서 가장 손쉽고도 강하게 타인의 삶을 규정하는 잣대로 작용한다. 시험에서 좋은 성적을 거둬 좋은 학교를 나와 좋은 직장에 다니게 된 사람은 어딜 가도 이유 없이 무시당하지 않는다. 하지만 그 반대라면 존중받기가 어려워진다. 짤막한 뉴스로 이 사건을 지켜본 우리 역시 '청소 노동자'라는 직업만 듣고 고인의 궤적을 납작하게 상상하진 않았을까?

"못사는 사람을 더 쥐어짜야 그 부를 유지할 수 있는 정글 같은 세상이 돼 버린 거죠. 저는 그렇게 안 살아 보고 싶어요. 제가 한국에 올 때 폐지라도 주워서 행복하게 사는 게 꿈이었던 것처럼 많이 갖지 않아도 얼마든지 행복할 수 있는 그런 삶을 살고 싶습니다."

나는 인터뷰를 요청하며 '공정'에 대한 키워드로 질문을 풀어 가고 싶다고 조심스럽게 말씀드렸다. 이홍구 씨는 오랫동안 고민해 온 주제였다며 인터뷰를 승낙했다. 긴 촬영 시간 동안 침착하게 풀어낸 말 한마디 한마디마다 삶에 대해 깊이 고민하고 내놓는 답변이라는 느낌이 강하게 전해졌다. 영상이 공개된 후 "인문학 강의 한 편을 들은 기분"이라는 반응이 잇따랐다.

뉴스를 읽을 필요 없다는 말을 잔뜩 써놓은 롤프 도벨리의 『뉴스 다이어트』(갤리온, 2020)라는 책에 의미심장한 대목이 있다. 저자의 지인들은 훌륭하면서 도덕적이기까지 해서 저널리스트라는 직업을 선택했지만, 늘 본인의 실력보다 못한 결과물을 내놓는다는 것이다. 그 이유는 깊이 사고할 '시간'과 복잡한 사안을 설득력 있게 설명할 '자리'가 없기 때문이다.

그건 내 주변 동료들도 마찬가지다. 나는 수많은 기자의 하드디스크에 잠들어 있을 귀중한 인생들을 자주 상상한다. 현장에서 뒹굴며 다양한 사정을 가진 얼굴을 직접 마주하는 건 누구보다 기자다. '기레기'라는 비난을 숱하게 받으면서도 각종 부조리와 참사의 현장에 달려가 당사자를 만나고 당신의 한마디가 세상에 드러나야 한다고 설득해 목소리를 따 내는 이들이다. 하지만 이런 노고에 비해 결과물은 대개 납작하다. 보통은 지면 한 줄, 1분 30초짜리 보도 영상, 그 안에서도 몇 초짜리 인서트로 축소되고 말기 때문이다.

억울하다는 사람들이 종종 기존 언론사 대신 '가세연'을 찾았던 이유가 뭘까. 아마도 그들의 이야기를 온전히 들어 주는 시간을 제공했기 때문일 것이다. 물론 그런 채널은 시청률과 클릭 수에 직결되는 자극적인 억울함만 취사선택해서 보여 준다. 한편 저널리즘 윤리를 지키는 이들의 그릇은 경직되어 있다. 그 바람에 소외된 이들의 목소리를 담는 그릇은 날이 갈수록 간장 종지만도 못한 꼴이 되어 가는 것 같다.

우리는 누군가 자신만의 템포로 차분히 내면의 이야기를 꺼내면 귀를 기울이게 된다. 타인에 대한 이해는 보통 거기에서 시작된다. 출입처를 커버하느라 놓친 주제. 마감에 쫓겨 스치듯 대한 사람. 정형화된 다큐에 욱여넣느라 제대로 강조되지 않은 말들에 주목하기. 어쩌면 언론의 '기레기' 탈출도 여기서 가능한 게 아닐까.

13 이렇게 사는 것도 방법이다

 어떤 인터뷰든 『이렇게 사는 것도 방법이다』의 껍질을 씌우면 왠지 좀 귀여워진다. 줄여서 '이사방'이라고 부르는, 조금 다른 길을 꾸려 나가는 평범하지만 특별한 청년들을 주목하는 씨리얼의 인터뷰 코너다. 이사방의 아이템이 되려면 공식 하나를 통과해야 한다. 'A 말고 B를 선택한 삶.' A는 다들 그 나이쯤 되면 응당 하기 마련인 무엇이고, B는 자신만의 선택지다. 대학 대신 대장간, 취업 대신 서핑, 정규직 대신 야쿠르트 배달. 이런 식이다.

 씨리얼 회의 시간. "우울하기만 하면 답이 없다, 활

기찬 대안을 좀 얘기해 보자"라는 내 제안에 각종 귀여운 동물 이야기와 행복하게 사는 할머니 롤 모델이 튀어나왔다. 잠자코 듣고 있던 부장 유진 선배가 선을 그었다. "이번엔 청년이어야 해." 획일화된 K-생애 주기를 따라 남들처럼 살기를 강요받는 한국 사회에서 좀 다르게 사는 청년들을 만나 보자는 이야기로 모아졌다. 시사 라디오 프로그램 론칭을 준비하느라 한창 뉴스를 보고 있던 내가 '뉴스 주머니'를 뒤적거렸다. 그러다 얼마 전 보았던 기사 하나가 떠올랐다. '철학 공부하는 야쿠르트 언니' 곽바다 씨. 『단비뉴스』[9]에 실린 인터뷰였다. 내친김에 라디오에 쓰려던 코너 명도 던졌다. "아유, 모르겠다. 코너 이름도 가져가세요. '이렇게 사는 것도 방법', 이게 딱이에요." 그렇게 귀여운 시리즈가 탄생했다.

20대 야쿠르트 배달원에서부터 학교 대신 대장간을 선택한 10대 대장장이, 20대 이장님, 서핑에 빠져 다니던 대학교를 그만두고 대한민국을 대표하는 서퍼

---

[9] 세명대 저널리즘대학원에서 운영하는 비영리 독립 언론. 해당 기사를 쓴 최은주 기자는 전국 야쿠르트 지점에 일일이 전화를 100통도 넘게 돌려서 곽바다 씨와 닿았다는 후일담을 남겼다.

가 된 청년까지. 이중 내가 직접 인터뷰한 사람은 거의 없지만 모두가 길에서 만나면 인사할 것만 같이 친근하다. 조회수가 많이 나오는 시리즈는 아니지만 씨리얼 '찐' 구독자 중엔 이사방을 유독 좋아하는 이들이 많다. "이 시리즈 너무 좋아요!" "이런 삶을 많이 보여주셨으면 좋겠어요." 『유퀴즈』 같은 예능 프로그램에서도 출연자 연락처를 자꾸 물어오는 것을 보면, 확실히 활기 섞기에는 성공한 것 같다.

프레시 매니저로 일하고 있는 철학과 학생 곽바다라고 합니다.
저는 코코(탑승형 냉장전동카트)에 대한 애정이 남다른 것 같긴 해요.(신선함을 담은 코코가 지나갑니다!)
저는 이 일이 되게 멋있었거든요!
꼭 듣는 말은 "철학 전공하면 나중에 어디로 취업해?"
사실 지금도 대학교 4학년인데 치열하게 취업 준비를 하고 있지 않거든요.
여러 가지 일들을 경험하면서,
어떻게 해서든 제 한 몸을 먹여 살릴 수는 있겠다는 자신감이 생겼어요.

— 「졸업 학기, 야쿠르트 언니로 사는 것도 방법」(2023)

파도에 중독돼서 살고 있는 조준희입니다.
기말고사를 딱 보는데 '기업 경제의 이해' 뭐 이런 거였어요.
머릿속에 들어오지가 않는 거예요. (시험지에) 편지를 썼죠, 교수님한테.
A4 용지 두 장 빼곡히 써내고 나와서 서핑스쿨 사장님한테 전화를 했죠.
"사장님 혹시 직원 안 구하시냐. 돈 안 받아도 되니까 일을 하고 싶다. 파도를 매일 탈 수 있으면 좋겠다."
"야 그럼 와라!"
(남이 보면) 어디에 중독된 백수예요. 근데 아직 모험하고 싶은 게 너무 많아.
전직을 안 하겠다는 게 아니라 뭐로 전직하고 싶은지 아직 몰라서 그냥 난 모험이 필요하고 시간이 더 필요해!

— 「파도 타려고 5,000만 원 풀 대출?
이 무모한 일을 계속하는 이유」(2024)

종이로 대중교통 모형을 만들며 시대를 기록하고 있는

류황원이라고 합니다.

만드는 데 재료값만 25만 원에서 30만 원 정도 들어요.

빠르면 두 달에서 느리면 석 달 정도 걸리고요.

제가 너무 철이 없나요? 저는 사람들이 돈을 떠나서 자기 하고 싶은 것을 좀 해 봤으면 좋겠어요.

충분히 가치가 있다고 생각해요. 저는 돈 이상의 무언가를 이미 얻었고요.

가능하면 오래 하고 싶습니다.

사실 지금 만들고 싶은 것만 만들어도 죽을 때까지 다 만들지 못할 거예요.

만들고 싶은 게 너무 많아서.

― 「돈 안 되는 일에 내 시간 다 쏟는 이유」(2023)

이사방의 리듬은 씨리얼 콘텐츠 중에서도 유독 통통 튀고 경쾌하다. BGM도, 그래픽도, 어디로 튈지 모르는 이사방 출연자의 인생과 닮아 있다. 그래서일까? 이사방을 편집하는 동료들을 힐끔 보면 다소 들떠 보인다.

우리의 리듬은 이렇게 저마다 다양하고, 서로에게 영향을 주며 또 다른 리듬을 만들어 낸다. 하지만 프랑스 철학자 앙리 르페브르는 자신의 마지막 저서 『리듬 분석:공간, 시간, 그리고 도시의 일상생활』(갈무리, 2013)에서 말한다. "권력은 자신이 사용하는 주체들(개인, 그룹, 사회 전체)에 발휘된 힘들을 하나로 결합하며, 그것들을 리듬에 부여한다. 이런 과정을 공식적인 표현으로 동원이라고 한다."

어느덧 20대를 벗어났지만 20대 때 가장 큰 고민이 그거였다. 이탈과 속박, 정박과 엇박의 갈림길. 남들이 가는 길을 갈 것인가, 아예 새로운 나의 길을 갈 것인가. 난 결국 콘텐츠를 만들면서 먹고살고 싶은 마음에 정박 속에서 묘한 엇박을 내는 정도로 만족하기로 했다. 다행히 이 리듬이 생각보다 몸에도 잘 맞는다. 다만 이런 생각이 들었다. 나 같은 고민을 하는 사람이 지금의 1020 중에도 많지 않을까?

알 만한 대학을 나오기 위해 공부하고, 번듯한 회사에 취직하고, 서른 넘으면 결혼하고, 이후엔 자녀를 낳는 삶. 정해진 루트를 벗어나면 '낙오자' 취급하는 사회. 그 길 안 가도 괜찮다고, "내가 무슨 낙오야? 아니, 낙오한 거면 어때?"라고 당당하게 말하는 사람, 그냥 말뿐이 아니라 진짜로 그렇게 사는 사람이 내가 10대일 땐 아쉽게도 주변에 별로 없었다. 그래서 보여 주고 싶었다. 그런 사람들이 실은 꽤 있다는 걸. 이사방은 그런 저마다의 리듬을 복원하는, 경쾌하지만 알고 보면 상당히 혁명적인 인터뷰 시리즈다.

＃ 3부

＊

콘텐츠 짓는 마음

14   말하기와 듣기의 관계

　씨리얼의 콘텐츠는 크게 두 가지 형식으로 나뉜다. 당사자가 직접 전달하는 인터뷰형 콘텐츠와 내레이션으로 채우는 설명형 콘텐츠. 제작하는 입장에서 인터뷰는 '듣기', 설명은 '말하기'라 할 수 있다. 씨리얼 내부에서는 잊을 만하면 이 중 어느 형식이 씨리얼의 핵심 정체성인가를 두고 갑론을박이 벌어지곤 했다. 내가 보기에 이 둘은 정반대인 것 같지만 긴밀하게 이어져 있다.

　아무도 쓰지 않는 빈 사무실에서 시작해 아무도 모른 채 사라질 뻔한 인턴들의 프로젝트였던 씨리얼이 주목받게 된 건 아무래도 후자, 설명형 콘텐츠 덕분이다. 2016년 총선, 구의역 사고, 국정농단 사태와 탄핵, 페미니즘 리부트 등을 겪으며 쫀쫀하게 잘 만든 콘텐츠 몇 개가 씨리얼을 먹여 살렸다. 특히 국정농단 사태를 칠판으로 설명한 시리즈 네 편은 당시 구독자를 한 달 만에 5만에서 11만으로 끌어올렸고, 씨리얼은 '설명 맛집'으로 빠르게 자리매김했다.

그러다 플랫폼 환경이 변화하면서[10] 점차 인터뷰형 콘텐츠로 무게중심이 옮겨 갔는데, 그래도 나는 잊을 만하면 '말하기'를 시도하곤 했다. 여기엔 두 가지 이유가 있다. 먼저, '잘' 말하기는 어렵기 때문이다. 정확하지만 임팩트 있는 화법을 구사할 수 있는 사람은 그리 많지 않다. 나부터 준비된 원고 없이는 정리된 문장으로 말하지 못하는 사람이라 이 고충을 안다. 그래

---

10 씨리얼은 2016년 페이스북 플랫폼에 맞게 빠른 리듬감에 정보를 압축한 포맷의 3~5분짜리 콘텐츠를 제작하며 성장했다. 그러다 2017년 즈음부터 영상 콘텐츠 소비 환경의 흐름이 유튜브로 넘어갔다. 유튜브는 오직 영상만을 위해 만들어진 플랫폼이기에 이용자는 다소 긴 영상도 볼 준비가 되어 있었다. 덕분에 좀 더 긴 콘텐츠를 다룰 수 있게 되면서 진지한 인터뷰가 가능해졌다. 당시 제작진이 설명보다 인터뷰 제작을 선호한 내부적 배경도 겹쳐 있다.

서 중요한 이슈는 누군가 공들여 설명해 줄 필요가 있다고 느꼈다. 가령 어느 누가 나와서 말해도 어려운 '준연동형 비례대표제' 같은 개념은 그냥 시간 들여 준비한 원고로 한번 딱 짜임새 있게 설명하는 편이 낫다. 또한 '비정규직의 정규직 전환'이나 '남자들의 맨박스'같이 누가 "내가 대표입니다!"라고 나서서 말하기 애매한 주제도 듣기보다는 말하기 방식이 적합할 수 있다.

두 번째로, 어떤 말하기는 불가능하기 때문이다. 당사자가 직접 말하는 힘은 강력하지만 모든 당사자가 말할 수 있는 건 아니다. 일본의 사상학자 오카 마리는 저서 『기억·서사』(교유서가, 2024)에서 이렇게 말했다. "'사건'을 경험했고 그 '사건' 내부에 있었기 때문에, 그래서 '사건'의 폭력을 지금도 계속 겪고 있기 때문에 그 사건에 대해 말할 수 없는 사람들이 있다." 오카 마리에 의하면 "사람이 기억하는 것"이 아니라 "기억이 사람에게 도래하는 것"이다. 폭력적인 사건을 겪은 사람은 폭력의 기억이 자기 안에서 계속 숨 쉬는 상태로 산다. 따라서 당사자조차 사건을 오롯이 재현해내기란 불가능하다고 그는 말한다. 주체는 기억이지 사람이 아니기에 사람은 기억 앞에서 한없이 무력해질 수밖에 없다.

그렇다면 이 상황에서 타자의 역할은 무엇일까. 말할 때까지 기다리는 것일까? 아니다. 오카 마리는 개입해야 한다고 말한다. 스스로 말할 수 없는 이들을 대신해서 사건에 대해 타자가 말하지 않으면 안 된다는 것이다. 나는 때에 따라 '듣기'란 너무 수동적인 행위일 수 있다고 생각해 왔다. 중요하고 시급한 주제라고 생각되면 자주 '대신 말하기'를 선택했던 이유다. 씨리얼 채널이, 나아가 언론이 당신이 겪은 일에 신경 쓰며 기억하려 애쓴다는 것을 직접적인 방식으로 보여 줄 필요도 있다고 느꼈다. 그래서 용산참사 같은 사건을 다룰 때도 굳이 당사자 인터뷰가 아니라 직접 설명하는 방식을 택했다.

끔찍한 사건을 겪은 이들은 말보다 침묵을 선택한다. 그럴 땐 그냥 침묵을 보여 주는 것도 방법이다. 영화 『목소리들』을 본 이후로 침묵이란 단어를 보면 김은순 할머니가 떠오른다. 『목소리들』은 4·3으로 여성들이 겪은 피해를 다룬 다큐멘터리다. 1934년생 김은순은 4·3을 겪고 말문을 닫았다. 평생 몸이 아팠으나 병명이 없었다. 김은순은 카메라 앞에서 계속 뭔가를 말하려고 하다, 끝내 덜덜덜 떨며 울었다. 한참을 침묵하다 겨우 내뱉은 말은 이랬다. "너무 무서워. 남자들 너무 무서워. 약을 안 먹으면 살지를 못해……" "너무 미안합니다. 어찌어찌 견디는 정신이라……" 김은순은 토산리 달빛 사건의 유일한 생존자다. 1948년 12월, 토벌대는 표선면 토산리 주민을 집합시키고 이틀에 걸쳐 150명을 총살했다. 젊은 여성들에게는 달을 보라고 했다. 달빛에 비친 얼굴을 보고 여럿을 데려갔다. 살아 돌아온 여성들은 이후 아무 말도 하지 않았다.[11] 당시 김은순은 열네 살이었다. 75년이 지난 지금도 4·3의 직접적인 성폭력 증언자는 여전히 0명. "그때 그 여자가 성고문을 당했다더라" 하는 간접 증언만 있을 뿐이다. 성폭력 이외 조혼, 트라우마 등의 여성 피해도 공식 집계되지 않았다.

스크린을 통해 김은순의 침묵을 본 건 나한테도 사건이었다. 말할 수 없는 당사자는 침묵으로 기억을 공유했고, 누군가는 영화를 만들어 타자들이 그 기억의

---

[11] 「4·3의 이 깊은 기억, 아무도 모릅니다」, 『한겨레21』, 2018.3.19.

파편이나마 나눠 가질 수 있도록 했다. 사건이 다시 누군가의 사건이 되는 연결의 의미를 알기에, 콘텐츠 생산자로서 나는 일종의 위험한 번역을 감행한다. 먼 과거로는 4·3부터, 가까이로는 채상병까지. 오카 마리는 그런 콘텐츠 제작자에게 강력한 주의를 준다. 완결된 서사로 제시하려는 욕망을 버려야 한다고. 제작자가 지닌 서사 욕망은 역사를 허위로 덧칠하는 행위일 수 있다. 그래서 그는 완결이 아니라 균열을 직시하고, 공백과 침묵 상태 그대로를 드러내라고 주문한다. 사실 『기억·서사』를 읽는 내내 불편했다. 말하는 이의 워딩을 좀 더 돋보이기 위해, 혹은 사건을 잘 드러내기 위해 이런저런 요소를 가감하며 서사화하는 것이 내 일이기 때문이다. 그러나 조금이라도 방심하면 감정에 범벅되고 마는 나는 이 높은 기준의 윤리가 불편하지만 수긍할 수밖에 없다.

번역이 잘되면 그때부터 듣기가 시작될 수도 있다. 말할 수 있는 사람, 말하고 싶은 사람이 모여들기 때문이다. 우리가 사람을 만나는 주된 방법 중 하나는 다름 아닌 우리 독자들을 통해서다. 씨리얼이 먼저 관련 내용을 풀어내고, "이런 경험 있으신 분" "할 말 있으신 분"을 설문을 통해 소환한다. 독자층과 타깃층이 일치하는 채널이다 보니 적지 않은 반응이 온다. 혹시 듣고 싶은 이야기가 있는데 섭외가 어렵다면 잘 말하는 것부터 시작해 보기를 추천한다. 일종의 번역이 필요한 사건이나 개념은 끊임없이 존재한다. '당신을 이해하고자 노력하고 있습니다' 혹은 '당신의 사건에 대해 더 깊이 알고 싶습니다'라는 티를 내 보자. 그럼 이 주제에 대해 말하고 싶은 사람이 찾아오거나, 내가 다가갔을 때 쉽게 마음을 연다.

15 인생을 빌드업하는 기술

 언젠가 유튜브에서 피아니스트 임동혁이 한 학생을 가르치는 영상을 보았다. 그는 하나도 틀리지 않은 쇼팽의 「발라드 4번」을 듣더니 탐탁지 않아 하며 이렇게 말했다. "「발라드 4번」은 특별해요. 구조 짜기를 잘못하면 무너지기 쉬워요. 마치 건축가처럼 구조물을 잘 세우는 것이 중요합니다." 음악은 생각보다 대단히 논리적이고, 감성에만 치우쳐서는 안 된다는 뜻이다.

 피아노 연주가 대체로 세상을 떠나고 없는 예술가가 남긴 작품과 나의 싸움이라면, 내 타임라인에는 대체로 생생하고 구체적인 사람들의 인생이 놓여 있다.

사회가 주목하지 않거나 뿌리 깊은 편견에 시달리며 살아가는 사람들. 자칫 잘못하면 그 인생이 내 손에 의해 으스러질 수도 있다. 그걸 인지할수록 가슴이 아니라 머리를 열심히 써서 콘텐츠의 구조를 지어 올려야 한다는 생각이 든다.

빌드업에 가장 공들인 제작물을 꼽으라고 하면, 나는 아직도 4·3 시리즈 1편을 꼽는다.

제주 서귀포에서 태어나 자란 것이 생각보다 특별한 일일 수 있다는 사실을 난 대학에 가서야 알았다. 스몰토크에 쥐약인 내게 고향은 가장 확실한 치트 키였다. 새로 만난 사람들은 제주 출신임을 밝히면 예외 없이 한마디씩 거들었다. "좋겠다, 제주도 한달살이가 꿈인데." "나 ○○오름 진짜 좋아해." "오는정김밥 다시 먹고 싶다ㅠㅠ." 한국 사람이라면 누구나 제주도를 좋아하거나 동경했다. 고등학생 때까지 살고 뭍으로 올라온 나보다 제주를 더 잘 아는 사람도 많았다. 그러나 이 아름다운 섬이 불과 반세기 전에 겪은 비극에 대해서는 대부분 잘 몰랐다.

제주 사람이라고 다 4·3을 알리려 애쓰진 않는다. 가까운 가족 중에 4·3 희생자가 있는 것도 아니었다.

다만 몇 가지 기억이 마음 한편에 계속 남아 있었다. 매년 4월 3일마다 학교에서 추모 백일장을 하긴 했는데, 정작 4·3이 어떤 사건인지는 속 시원히 알려 주지 않았던 기억. 누가 4·3에 대해 물었을 때 잘 설명하지 못하고 우물쭈물했던 순간. 제주에서 나고 자랐지만 4·3을 잘 모르고, 육지 친구들이 물어볼 때마다 복잡한 사건이라며 얼버무렸던 부끄러움이 기어코 발목을 잡았다. 70주년을 맞아 4·3이란 거대한 역사를 5분으로 요약해 내는 모험을 감행한 이유다.

만약 서울을 요 정도라고 치면, 제주는 딱 세 배.

영상은 흙을 주물럭거리는 손으로 시작한다. 손은 한 줌의 흙덩이를 던져 서울에 비유하고, 곧이어 두 배의 흙덩이를 추가해 제주도 모양을 빚어낸다. 제주 땅이 그리 큰 줄도 모르고 무모한 여행 동선을 짜곤 하던 '육지 촌놈' 친구들의 오해를 떠올리며 전략적으로 택한 인트로 멘트였다. '아니, 제주도가 그렇게 컸나?' 하며 이목을 끌도록.

이렇게 큰 섬이,

극히 일부의 해안가를 제외하고 모조리 초토화되어 버린 사건.

마을이란 마을은 모두 불타 버리고

남아 있던 사람은 이유 불문 학살당한 사건, 4·3.

이내 잘 빚어낸 흙 모형의 제주를 주저 없이 짓이겨 버리는 손. 사실 이 흙은 '제주화산 모래놀이'라는 장난감이다. 적당한 재료를 찾다 우연히 발견하고 너무 놀랐던. 당시 유행하던 슬라임 같은 특수 재질이라 이리저리 주무르는 것을 보는 재미가 있다. 쥐고 늘리면 폭발하는 느낌을 주기 때문에 이어서 등장하는 제주 중산간 마을이 불타는 실제 장면과 절묘하게 연결된다.[12]

해안선에서 5km 이상 지역에 출입하는 사람들은

폭도로 간주하고 무조건 사살한다.

　　　　　　-1948년 10월 17일 제주에 내려진 포고문

모조리 죽였습니다.

전화도 없던 시절

소식을 받지도 못하고 죽임당한 마을도 많습니다.

젊다는 이유로 희생된 남성.

미처 도망치지 못한 노약자.

여자는 총살로 끝나지 않았습니다.

여러 책을 찾아 읽고 제주어로 가득한 증언 채록을 낑낑대며 해석한 결론은 이랬다. '4·3의 직접적 발단은 남로당의 공격이었으나, 이전의 맥락이 더 중요하구나.' 해를 거듭할수록 "어떻게 남로당이 한 번밖에 안 나오냐" "빨갱이가 만든 영상"이라는 악플이 수없이 달리지만, 그 판단은 지금도 변함없다. 좌-우 중 어

---

12 제주가 화산섬이라는 특징은 4·3을 이해하는 데 있어 중요한 사실이다. 비극이 제주도에서 일어난 원인, 즉 4·3의 근원과 밀접한 관련이 있다. 콘텐츠를 만들면서 가장 많은 참고한 『4·3은 말한다』(전예원, 1994~1998)에 따르면, 소작쟁의나 노동쟁의에 익숙한 평야지대 농민들이 해방 직후부터 미군정에 격렬히 저항하다 초기 진압을 당했던 육지와 달리 제주는 오히려 온건한 편이었다. 척박했던 제주는 일제강점기 이전부터 조선에서 중앙 관리가 내려와 공납을 강요했던 수탈의 역사가 있었다. 언제나 식민지였고 언제나 가난했다. 그래서 해방 이후 제주에서는 무엇보다 자치운동이 활발했고, 초기에는 미군정과 원만하게 공존했다. 그러나 역대급 대흉년이 들었던 해, 미군정은 공출제도를 부활시켜 수탈을 시작했다. 땅이 가장 척박한 중산간 마을에서도 많은 양의 곡식을 뺏어 갔다. 뒤늦은, 그러나 아주 극렬한 저항이 시작됐다.

느 하나로 간단히 규정할 수 있는 사람은 거의 없었고, "고름이 제대로 든 것을 좌익 계열에서 바늘로 터뜨린 것이 제주도 사태의 진상"이라고 봤던 당시 미군정 검찰총장 이인의 진단이 정확하다고 생각했다. 나야말로 공부하는 내내 인물과 단체가 새로 등장할 때마다 '좌-우'라는 틀에 얽매여 '균형'을 찾으려 애썼다. 어쩌면 이런 이분법적 태도가 바로 4·3의 비극이 우리에게 깊이 남긴 상흔이 아닐까.

7년 7개월 동안 3만 명의 희생자를 낸 전례 없는 비극을 5분으로 압축한 무모한 영상의 마지막은 4·3평화공원이다. 행방불명된 희생자의 표석 하나에서 시작해 수많은 표석으로 끝없이 뻗어 나가는 드론 숏으로 마무리 지었다. 4·3평화공원에는 시신을 수습하지 못하거나 행방을 알 수 없는 3,953명의 4·3 희생자를 추모하기 위한 공간이 있다(제주에만 표석 2,012기가 설치되어 있고 나머지는 다른 지역에 있다). 5분의 설명으로 4·3이 무슨 사건인지 알게 된 사람들에게, 사건의 규모를 한눈에 알려 주며 마무리하는 숏이다. 이 숏 하나를 찍기 위해 제주 출장을 갔다고 해도 과언은 아니다.

훗날 회사에서 깐깐하기로 소문난 어떤 선배가 "그 때 그 영상을 보고 사고의 틀이 깨졌다"라고 말해 주었다. 무모하게 덤볐다가 더 큰 왜곡을 낳을까 노심초사하며 단어 하나하나를 고르던 시간이 헛되지는 않았구나 싶었다. 영상 속 흰색 찰흙으로 빚은 당시 제주 사람들을 보면 지금도 많이 슬프다. 마치 영원히 섬을 떠도는 정령처럼 보인다.

16 복잡함을 풀어내기

잘 몰라서 공부하다가 나만 알기엔 아까워서 콘텐츠화하는 경우가 많다. 4·3만이 아니라 「국정농단 사태 한눈에 정리」 「연동형 비례대표제 5분 뚝딱 정리」 같은 설명형 콘텐츠는 다 그런 이유로 만들어졌다. 중요한데 설명하기 까다로운 주제를 보면 정말 답답해 죽겠다. (조금 전까지의 나처럼) 잘 모르는 사람도 한눈에 이해할 수 있도록 쉽게 풀어내고 싶은 욕구가 마구 샘솟는다. 다들 이런 욕구가 있는 줄 알았는데, 아니었다. 이러한 성향은 콘텐츠를 빌드업할 때 원동력이 된다.

공부하다 보면 기존의 기사나 영상이 뭉개고 넘어가 버려서 생긴 장벽이 반드시 있었다. 비교적 최근 예시를 들자면 채상병 사건이 그러했다. 채상병은 하루가 멀다 하고 매일 정치 뉴스에 오르내렸지만, 정작 채상병 또래의 사람들은 사건의 전말을 정확히 몰랐다. 청년들이 세상에 관심이 없어서라고 탓하고 싶지는 않았다. 나는 사건이 일어났을 당시 데일리 시사 라디오 프로그램을 하고 있었기 때문에 계속 뉴스를 들여다봤음에도 장벽이 많았다. 당시에는 장벽을 부술 시간이 없었지만, 씨리얼로 다시 돌아와 1주기를 맞았을 땐 작정하고 망치를 들어 보기로 했다.

채상병 사건은 2023년 7월 집중호우 실종자 수색 작전 중에 스무 살의 채상병이 구명조끼도 없이 투입되었다 급류에 휩쓸려 사망한 사건이다. 이후 전개 과정에서 군 내부 지휘 책임 문제, 수사 외압 의혹 등이 얽혀 국방부 장관과 대통령실까지 거론되며 국가 차원의 책임 논의로 확장되었다. 사건은 급격히 정치 쟁점으로 비화해 특검 수사까지 이어졌다. 그러나 내가 생각했을 때 채상병 사건을 쉽게 이해하려면 풀고 가야 하는 세 가지가 모두 사건 '당시'에 있었다.

1) 군 조직구조(결재 라인)

2) 이첩

3) 2023년 7월 31일부터 8월 2일까지 3일 동안의 타임라인

  1차 장벽은 군 조직구조였다. 관련 뉴스에 끊임없이 등장하는 사단장, 여단장, 대대장, 중대장이 각각 어떤 직급인지 몰라 스트레이트 기사[13]를 단번에 이해하기 어려웠다. 군대에 갔다 온 사람이라면 다 아는 상식이겠지만, 미성년자나 미필 성년자에게는 그렇지 않다. 이것이 여성들이 평소 정치적 사건이나 뉴스에서 소외되는 이유 중 하나라고도 생각한다. 그래서 군 조직구조를 한눈에 알기 쉽게 정리하는 것이 먼저였다.

  영상의 도입부는 해병대 사령관 이하 구조를 시각화하여 설명한다. 채상병은 해병대(사령관)-그 아래 1사단(사단장)-그 아래 포병여단(여단장)-그 아래 포7대대(대대장)-그 아래 본부중대(중대장) 소속이었다. 이 구조를 모션이 들어간 도표로 보여 주었다. 동시에

---

13 육하원칙에 기반해 건조하고 객관적으로 정보를 전달하는 기사.

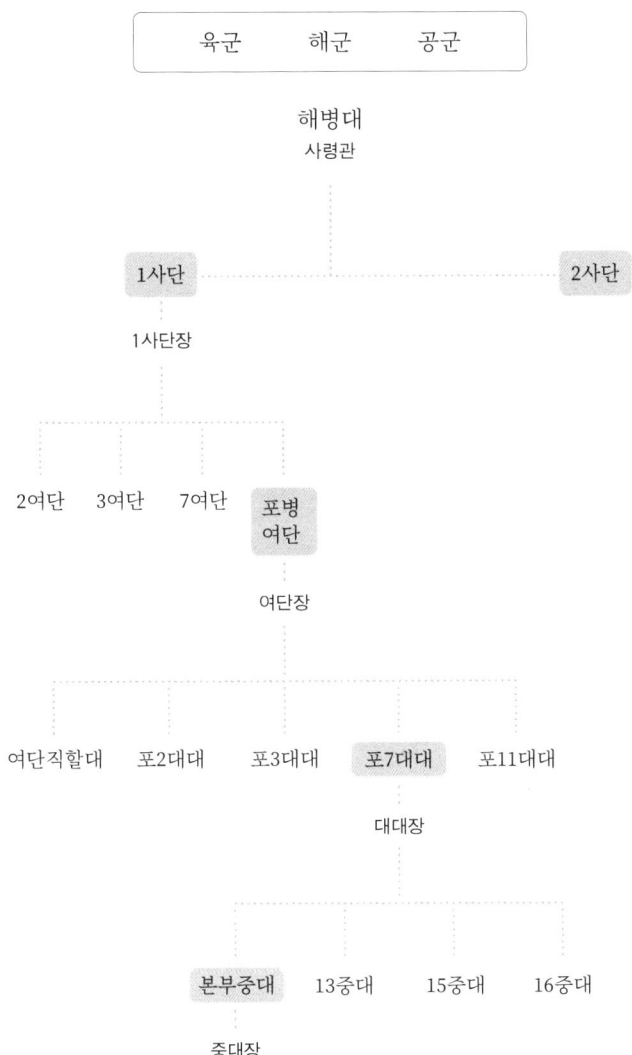

각 부대가 어느 정도 규모인지, 각 간부는 어느 정도의 책임과 권한을 갖는지 대략 바로 가늠할 수 있도록 했다. 기사에 자주 등장하는 문제의 1사단장은 지휘하는 병력이 만 명에 달해 병사들은 전역할 때까지 한 번도 만나지 못할 확률이 높은 직책임을 잘 알릴 필요가 있었다. 당시 현장 총괄 지휘권은 7여단장에게 있었기 때문에 1사단장의 지시는 적법한 지휘권이 없는 불법 행위였다. 그럼에도 사단장이 반복된 지시를 한다면 강한 압력으로 작용할 수밖에 없는 현실을 짚었다. 그 와중에 대대장과 중대장은 간부이긴 하나 해병들과 더 밀접한 중간관리자로서 무리한 상부 지시에 재고 요청을 하기도 했다. 이러한 맥락 역시 잘 정리된 도표가 있다면 버퍼링 없이 이해할 수 있다.

무리한 입수 지시 이후 채상병이 급류에 휩쓸려 사망했다. 해병대 수사단이 수사를 시작했다. 해병대 수사단은 뭐냐. 군에는 수사대가 따로 있다. 군에서 벌어진 사건은 경찰이 아니라 군 조직이 수사한다. 단, 사망사건의 경우 군이 은폐할 수 없도록 군 외부 수사기관인 경찰에 수사를 넘겨야 하는데, 이 넘기는 행위를 바로 '이첩'이라고 한다. 알고 나면 별거 아니지만 무척 생소한 단어라 제대로 설명하지 않으면 큰 걸림돌이 된다. 수사단은 수사 결과 사단장 지시가 핵심 문제라고 봤다. 사단장 밑단에서 시작된 사건은 사단장 윗선으로 급속히 뻗어 나갔다. 이제 사단장 위에 해병대 사령관, 그 위에 해군 참모총장, 그 위에 국방부 장관이 등장한다. 사단장 지시가 원인이었다고 밝힌 수사 결과 보고서에 결재 사인을 한 세 사람이다. 이제 수사 결과를 브리핑하고 경찰에 이첩하기만 하면 되는데, 브리핑이 돌연 취소되었다. 그리고 3일 뒤 수사 결과가 사단장이 빠진 채로 경찰에 이첩되었고, 사단장을 지목한 원래 수사 결과 보고서를 이첩하려 시도한 당시 해병대 수사단장 박정훈 대령은 항명죄로 고발당했다.

장관 결재까지 끝난 수사 결과가 왜 엎어진 걸까? 브리핑은 어떤 과정에서 취소된 걸까? 3일 동안 대체 무슨 일이 있었던 것인가? 여기서 국방부 장관의 유일한 윗선, 국가원수 대통령이 등장하게 된다. 이후 사단장-김건희의 연결고리 의혹, 결정적으로 사단장이 빠진 수사 결과 보고서가 이첩된 8월 2일에 윤석열이 당시 국방부 장관에게 개인 휴대폰으로 세 번 전화한 사실 등이 드러나며 의혹은 점점 짙어졌다. 야당은 계속해서 특검[14] 도입을 요구했으나, 윤석열은 재임 기간 동안 채상병 특검법에 대해 두 번의 거부권(재의요구권)을 행사했다. 즉 채상병 사건은 대통령부터 장병까지 군 조직구조 전체가 핵심 인물로 등장한 초유의 사건[15]이었다. 이 광활한 구조를 기사 하나로 이해하기란 아무래도 쉽지 않다.

설명형 콘텐츠 제작의 핵심은 '장벽 찾기와 부수기'다. 채상병 사건처럼 복잡한 이슈일수록 독자는 여러 겹으로 쌓인 장벽을 마주하게 된다. 이런 장벽을 하나씩 발견하고 체계적으로 허무는 것이 좋은 설명형 콘텐츠의 기본이다. 특히 내가 공부하는 과정에서 부딪힌 난관과 이해의 순간을 잘 기억해 두자. '이 단어에서 머리가 하얘지네' '아하, A와 B가 이렇게 연결되는

---

14 '특별검사'의 줄임말로, 검찰 조직과는 독립적으로 특정 사건을 수사하고 기소하는 임시 검사를 말한다. 수사 과정에 영향을 줄 수 있는 고위공직자가 수사 대상이어서 공정성을 기대할 수 없을 때 설치한다. 국회의 특검 임명 요구 결의안 의결을 통해 마련되며, 정해진 기간 동안 특정 사건에 대해서만 수사 권한을 갖는다. 2016년 국정농단 사태 이후 도입된 박근혜-최순실 게이트 특검이 윤석열이었다.

15 윤석열 탄핵 이후 채상병 특검을 포함해 줄곧 거부되었던 세 개의 특검이 설치됐다.

구나' 하는 순간이 바로 콘텐츠의 뼈대가 된다. 내가 헤맨 곳이 곧 독자가 헤맬 곳이고, 내가 깨달음을 얻은 순간이 독자에게도 '아하 모먼트'가 되기 때문이다. 종종 이러한 학습 과정 자체를 스토리텔링하는 것도 방법이다. 정보를 아는 사람 입장에서 나열하는 게 아니라 모르는 사람이 알아 가는 여정 자체를 재현하는 것이다. 어쩌면 독자는 정답보다 정답에 도달하는 과정에서 더 많은 효용을 느낄지도 모른다.

17   리듬과 배열

  어느덧 햇수로 7년째 같은 헤어디자이너 선생님에게 머리를 맡기고 있다. 원체 서로 말이 없어서 선생님에 대한 정보가 많지 않지만, 아마 나와 비슷한 또래일 듯하다. 미용실 유목민이던 나는 말 없는 선생님의 거침없고 야무진 손길에 반해 단번에 정착했다. 선생님이 개업한다는 소식에 먼 거리를 감수하고 따라간 이유다. 눈을 감고 쌤의 경쾌한 커팅 소리를 들으며 생각하곤 한다. 아, 장인의 손길이다. 나도 이렇게 편집할 수 있다면 얼마나 좋을까.

  자, 취재를 끝냈다. 이제 내겐 충분한 재료가 있다.

가장 희열을 느끼는 순간은 사실 지금부터다. 마음속의 초광각렌즈와 초망원렌즈를 꺼내는 시간. 나무와 숲을 동시에 보는 시간. 나는 어쩔 수 없는 편집형 제작자다. 촬영 현장에서의 교감도 좋지만, 혼자 출연자의 말과 표정을 재배열하며 새로운 리듬을 만드는 과정에서 더 많은 걸 발견한다. 짧은 촬영 시간 동안 모르고 지나갔던 디테일을 포착할 때 특히 그렇다.

나는 제작자이기 이전에 독자다. 일본의 지성 우치다 다쓰루는 『어떤 글이 살아남는가』(원더박스, 2018)에서 "언어를 지어낸다는 것은 내적인 타자와 이루어내는 협동 작업"이라고 했다. 편집 작업도 그렇다. 나 스스로가 가장 애정 어린, 하지만 동시에 가장 엄격한 독자가 되어야 한다. 다행히 나는 쉽게 지루함을 느끼고, 특히 불필요한 상황 제시를 못 견딘다. 따라서 콘텐츠를 만들다 스스로 나가떨어지지 않는 게 첫 번째 미션이다.

편집은 밑줄과 취소선이다. 의미 있는 컷은 강조하고, 의미 없는 컷은 세서한다. 모든 컷에는 나 이유가 있어야 한다. 그렇다면 무엇이 의미 있고 무엇이 의미 없는가? 판단하고 선택하는 건 언제나 내 몫이다.

좋은 재료일수록 강조하고 싶은 건 많고, 덜어 내고 싶은 건 적어 문제다. 만약 덜어 낼 능력이 소진되어 더 이상 뭘 빼야 할지 모르겠다면, 가편집본을 누군가에게 보여 주자. 이때 가장 확실한 팁은 보는 동안 옆에서 지켜보는 것이다. 안 좋게 말하면 자발적으로 눈치 보는 시간, 좋게 말하면 교감하는 시간이다. 영상은 글과 달라서 내용과 함께 시간도 동시에 공유한다. 옆에 있으면 그가 어떤 부분에서 지루해하거나 재밌어하는지가 그대로 전달된다. 더 흥미로운 것은 혼자 볼 때는 느끼지 못했던 문제점을 보여 주는 순간 스스로 알게 된다는 점이다. 지루한 구간이 어딘지, 과하게 힘준 표현이 뭔지, 논리적으로 뭘 보완해야 하는지가 갑자기 보인다. 그래서 구체적인 피드백을 듣기 전부터 이미 답을 알게 된다.

  마지막은 다시 나다. 온갖 피드백을 받고도 포기할 수 없는 것, 그대로 두고 싶은 것을 생각한다. 제작자의 고유성은 여기서 드러난다. 나는 어디에 서서 이 사태를 바라보기로 했나? 그 위치는 러닝타임이 지나도 그대로일 것인가? 왜 이 사람에게 주목했으며, 왜 이 콘텐츠를 하기로 했나? 그 중심을 잊으면 안 된다. 결국 내가 숙고해서 내린 결정이 리듬과 배열을 만든다.

함정1. 편집을 선형으로 생각하지 말자

 이쯤에서 저연차 편집자가 많이 저지르는 실수를 세 가지 꼽아 보겠다. 먼저 편집 과정을 선형의 형태로 이해하는 것이다. NLE 시스템[16]이 등장하기 전까지는 테이프를 이용해 영상을 순차적으로, 시간 순서대로만 편집할 수 있는 리니어linear, 즉 선형 편집만이 가능했다. 하지만 지금은 비선형의 시대다. 이미 정해진 순서대로 편집하는 것이 아니라 편집자의 선택에 따라 얼마든지 자유롭게 재배열할 수 있는 시스템이 구축되었다. 축복받은 이 시스템을 최대로 활용하자. 만약 어떤 내용에서 다음 내용으로 넘어갈 때 뭔가 부족함을 느낀다면, 저 멀리 있는 내용을 인지하고 과감히 끌어올 줄도 알아야 한다. 내용을 왜곡하지 않는다는 전제하에 보다 정돈된 설명을 위해 순서를 바꿀 수

---

[16] 비선형 편집 시스템(non-linear editing system, NLE). 비디오 클립 안의 원하는 프레임에 자유롭게 접근해 편집할 수 있는 시스템. 거의 모든 영상 제작에 표준으로 사용되고 있다. 프리미어 프로, 파이널컷 프로, 아비드 등의 프로그램이 NLE 방식을 취한다.

도 있어야 한다. 대체재가 없다면 새로운 재료를 만들어 메울 수도 있다. 이 모든 것이 가능하기 위해서는 재료의 큰 줄기와 디테일을 동시에 파악하고 있어야 한다.

> 아주 먼 시점에서 항공사진으로 내려다보는 방식으로 대상을 보는가 하면, 다짜고짜 피부의 땀구멍을 확대경으로 들여다보듯 가까이 접근합니다.
> ─우치다 다쓰루, 『어떤 글이 살아남는가』
> (원더박스, 2018)

함정2. 시청은 선형임을 잊지 말자

편집은 비선형이 가능하지만 시청은 여전히 선형이다. 시간은 모두에게 똑같이 흐른다. 이를 인지하며 편집하지 않으면 준비 안 된 독자를 두고 멀리 가 버리게 된다. 충분한 배경 설명 없이 진도를 빼거나 감정을 휘몰아쳐 버리는 실수가 그렇다. 편집 과정에서 철저하게 이성적인 계산이 필요한 이유다.

이따금씩 클래식을 들을 때 그런 계산을 읽는다. 클래식이야말로 오랜 세월 다듬어지며 만들어진 시간

활용법의 결정체라는 생각이 든다. 같은 재료를 두고 주제를 소개하는 제시부, 주제가 충돌하며 긴장감을 만들어 내는 발전부, 갈등이 해결되는 재현부로 구성되는 소나타처럼 배열할 수도 있고, 혹은 처음부터 자유자재로 폭발시킬 수도 있다. 또한 같은 배열의 악보를 세상 모든 클래식 연주자가 서로 다른 리듬으로 해석하는데, 여기서도 편집의 힌트를 찾을 수 있다. 연주자는 셈여림이나 빠르기, 또 어디서 숨을 쉬고 문장을 나누는지 표현하는 프레이징 같은 요소를 통해 긴장과 이완을 다르게 가져간다. 그렇다고 너무 앞서가지도, 뒤처지지도 않으며 철저한 계산을 통해 듣는 이를 납득시킨다.

물론 우린 클래식 연주자가 아니기에 그저 약간의 힌트만 얻으면 된다. 남의 인생으로 소나타를 만들려고 하면 곤란하다. 편집은 출연자의 진의를 더 잘 드러내기 위해 다듬는 정도에 머물러야 한다. 내가 그 진의에 동의하는가는 둘째 문제다. 연출자의 시선도 중요하지만, 왜곡하지 않는 것이 최우선이다.

18 점을 연결하는 일

 혹시 인생의 새로운 전환점을 하나 만들어 보고 싶다면, 일단 콘텐츠를 만들어 보라고 권하고 싶다. 콘텐츠는 단순히 정보를 전달하는 도구가 아니라, 어쩌면 나 자신을 확장시키는 강력한 수단이 될 수 있다. 콘텐츠를 만들며 나는 예상치 못한 세계를 마주했다. 포트폴리오가 쌓이니 이것도 설명해 달라, 저것도 설명해 달라 하는 외부 의뢰가 늘어난 까닭이다. 내가 먼저 궁금해서 공부하기보다 누군가의 손에 이끌려 새로운 세상을 알게 되는 경우가 많아졌다. 그렇게 한 세계에 발을 들이면 상상했던 것보다 훨씬 거대하고 복잡한 구조들이 펼쳐지곤 했다. 정치제도를 다루면서 권력이 작동하는 방식을 체감하고, AI를 다루면서 인권의 위기를 느꼈다. 이런 경험은 단순한 지식 축적을 넘어서서 내 가치관 자체를 흔들었다.

문제는 그렇게 공부한 것들 대부분이 손에 잡히는 형태가 아니라는 것이었다. 보이지 않고, 가려져 있고, 복잡하게 얽혀 있다. 그래서 때때로 맡게 되는 역할은 이런 것이다. 비가시화된 것을 가시화하기. 추상적인 개념을 구체화하기. 점처럼 흩어진 것을 연결해 내기. 각자 고립된 채 겪는 문제가 사실은 연결되어 있는, 본질을 공유하고 있는 문제임을 드러내기. 거칠고 투박하더라도 굳이 모션그래픽을 직접 작업하는 이유다.

내가 아주 좋아하는 애플 광고 영상이 있다. 애플답게 단순하고 아름다운, 'Designed By Apple-Intention'이라는 제목의 브랜드 광고다. 점과 선, 약간의 단어로만 이루어진 1분 30초짜리 모션그래픽이다. 사람들이 무엇을 느끼길 원하는지 스스로에게 묻고, 그 느낌을 연결하고 최대한 단순화한 뒤, 의도를 중심에 두고 디자인한다는 애플의 철학을 담아냈다.

크고 작은 수많은 점이 흩어져 있다 아름답게 이어진다. 나는 처음 모션그래픽을 배울 때 이 영상을 모작하는 것부터 시작했다.

생각해 보면 지금 내가 모션그래픽을 작업하는 '이유'도 이 영상과 닮아 있다. 「과학자들이 아무리 말해도 당신이 현실부정하는 10년 후 팩트」도 그런 기획이다. 2019년 그린피스와 합심해서 만든 약 9분짜리 기후위기 요약 영상이다. 16세 스웨덴 소녀 그레타 툰베리의 기후변화 대응 촉구 시위가 173개국의 청소년에게로 확산되던 때였다. 우리나라는 몇몇 청소년의 시위 말곤 크게 도드라지는 흐름이 없었다. 나 역시 기후위기가 얼마나 심각한 상황인지 체감하지 못하고 있었다. 그린피스는 기후변화를 과학적으로 설명하고 심각성을 알리는 짧지만 감각적인 영상이 한국에 필요하다고 요청해 왔다.

기후위기는 눈에 보이지 않는다. 극단적인 기상현상도, 급속하게 줄어드는 북극의 해빙도 이미 돌이킬 수 없는 상황에 이르렀을 때에야 알게 될 뿐이다. 어느 주제보다 시각화가 중요했다. 이 영상을 만들며 몇 가지 미션을 설정했다. 첫째. 기후변화가 과거 가장 빨

랐던 자연적 기후변화에 비해 얼마나 빠른 속도로 진행되고 있는지, 얼마나 빠르게 기온이 오르고 있는지 '한눈에' 보여 주자. 둘째. 인간이 석탄이나 석유 등의 형태로 꺼내 쓴 탄소가 어떻게 지구를 뜨겁게 만드는지도 제대로 보여 주자. 셋째. 전 지구적으로 기후 대응을 촉구하기 시작한 지금 우리나라는 얼마나 손 놓고 있는지를 믿을 만한 전문가 소견을 통해 알리자. 모든 미션을 그럭저럭 달성했고, 반응은 폭발적이었다. 이후 나는 꾸준히 기후위기 콘텐츠를 만들게 되었다. 자꾸만 관련 의뢰가 들어왔기 때문이다. 정신을 차려 보니 내 인생에서도 기후위기가 어느새 꽤 중요한 화두가 되어 있었다. 클라이언트가 제안한 문제의식이 나를 이전과 다른 사람으로 만든 셈이다.

이렇게 만들어진 콘텐츠는 다른 사람의 인생을 뒤흔들기도 했다. 얼마 전에는 한 환경단체의 초대로 기후위기 워크숍에 다녀왔는데, 옆자리에 앉아 있던 앳된 얼굴의 기후 활동가가 날 보며 자꾸만 멈칫멈칫했다. 그러다 3시간의 워크숍이 다 끝나고 나서야 조심스레 말을 걸었다. 다름 아니라 10대 시절 씨리얼의 그 영상을 보고 처음 기후위기의 심각성을 알게 돼서 그 길로 청소년 활동가가 됐단다. 그때 콘텐츠를 만들어 줘서 너무 고맙다고 그는 말했다. 나는 리액션이 고장나서 어버버거렸다. 당시 영상의 여파(?)로 우리가 조명했던 청소년기후행동에 가입 문의가 폭증했다는 건 알고 있었다. 그는 이제 어엿한 20대가 되어, 앨범 중복 구매를 유도해 플라스틱 쓰레기를 양산하는 케이팝 엔터사를 겨냥한 글로벌 규모의 캠페인을 진행하고 있었다. 변화를 바라는 마음으로 콘텐츠를 만들기는 하지만, 막상 기대가 정말로 현실이 된 상황을 마주하면 번번이 놀란다. 점처럼 흩어져 있던 사람들이 콘텐츠라는 매개체를 통해 연결되고, 그 연결이 또 다른 변화를 만들어 내는 것을 목격할 때의 기분은 말로 표현하기 어렵다.

2005년 스티브 잡스는 스탠퍼드 대학 졸업식에서 '점을 연결하기'Connecting the dots에 대해 말했다. 인생에서 겪은 여러 경험과 선택이 당장은 무의미해 보여도 되돌아보면 서로 연결되어 의미를 갖게 된다는 메시지였다. 나는 이 연설을 통해 내 경험이 아닌 나와 타인의 경험이 서로 연결되는 상상을 했다. 결국 콘텐츠를 만드는 일은 연결되는 일이다. 나와 타인을, 과거와 현재를, 개별적인 경험과 보편적인 문제를 연결하는 일이다. 그 연결을 통해 나와 누군가의 삶에 크고 작은 변화를 만들어 내는 일이다. 나는 때때로 그런 선을 직접 그을 수 있다는 데 더없는 보람을 느낀다.

19 설득적인 디자인

 한때 노션을 찬양하고 다녔다. 회사에서 자의 반 타의 반으로 노션 워크숍을 열기도 했다. 노션은 디자인을 모르는 비전문가도 세련되고 일관된 디자인의 문서를 쉽게 만들고 웹페이지처럼 공개할 수도 있다는 점에서 한때 홈페이지 키즈였던 내게 완전히 혁명이었다.

 노션은 '블록을 쌓듯' 문서를 '조립'하는 개념의 생산성 툴이다. '블록'은 실제로 CEO인 이반 자오가 즐겨 쓰는 표현이다. 문서 생산자 입장에서 이러한 방식은 사고의 흐름을 정리하는 데 큰 도움이 된다.

—특성화고
—비진학 청소년
—10대 노동자
—경제적 이슈
—용돈 못 받음
—꿈
......

 이런 질서 없는 키워드를 이리저리 블록 쌓듯 조립하다 보면(노션에서 모든 문장은 드래그&드롭을 통해 이동 가능하며, 또 하나의 페이지나 게시판 등으로 진화시킬 수도 있다) 생각지 못한 다양한 방식으로 생각을 재정렬할 수 있다. 단건으로 끝날 수도 있었던 특성화고 학생 인터뷰가 『용돈 없는 청소년』이라는 여섯 편짜리 시리즈로 확장된 사례도 이런 과정의 결과다. 팀원들과 논의한 결과 '용돈'과 '청소년'이라는 키워드가 맨 위로 올라가 전편을 아우르는 시리즈 제목으로 조정되었고, 10대 노동자는 한 편의 주제로, 그리고 '특성화고'라는 경험은 오히려 인터뷰이들의 세부 정체성으로 들어갔다.

—용돈 없는 청소년
 —10대 노동자
  —특성화고 학생

이렇게 무한히 뻗어 나가는 '생각'이 곧 '콘텐츠'가 되고 모두의 '일'이 될 수 있다. 주제가 되었다가, 제목이 되었다가, 프로젝트명이 되었다가, 쪼개졌다가, 갈라졌다가, 숨겨졌다가, 또 나타났다가……

반면 노션에서 쓸 수 있는 폰트 종류, 크기, 색상 등 디자인 옵션은 노션 팀이 엄선한 몇 가지로 제한되어 있다. 제목, 부제목, 본문 등 위계별 글자 크기도 하나로 정해져 있고, 각 위계 사이 줄간격이나 들여쓰기, 내어쓰기 등의 마진 역시 마찬가지다. 대신 주어진 몇 가지 선택지 안에서 생각을 간편하고도 보기 좋게 그리고 자유롭게 이동할 수 있기 때문에 문서 생산자는 내용 자체에만 집중할 수 있다. 디자인 옵션을 최소화하는 노션의 방식은 문서 소비자 입장에서도 효과적이다. 인지적 부담Cognitive Load이라는 개념이 있다. 한마디로 우리가 뭔가를 학습할 때 정보가 너무 많거나 복잡하게 제시되면 뇌에 과부하가 걸린다는 건데, 좋은 콘텐츠 디자인은 인지적 부담을 최소화하고 내용에 충실할 수 있게 해 준다.

일하면서 버거웠던 것 중 하나가 디자이너도 아닌데 디자인 얘기를 하는 것이었다. 그건 얘기를 듣고 수용하는 입장에서도 마찬가지였다. 우리 팀에는 항상 디자이너가 없었고, 가뜩이나 신경 쓸 게 많은데 디자인'까지' 신경 써야 한다는 것은 모두에게 늘 부담이었다. 하지만 최소한의 미감과 통일성을 가져가기 위해서는 누군가 '줄간격' '여백' '가독성' 따위의 단어를 계속 입에 달고 다닐 수밖에 없었다.

디자이너도 아니면서 최소한의 디자인을 포기할 수 없었던 이유는 디자인이 곧 내용의 일부였기 때문이다. 디자인의 본질은 '설득'이다. 친구를 설득하려면 최대한 친구의 입장에서 차분한 화법으로 말해야 하듯, 콘텐츠를 만들 때도 마찬가지다. 최대한 사용자 입장에 입각해 보기 좋게 만들어야 한다. 기성 언론사는 디자인을 한결같이 소홀히 대하는데, 바로 그 마인드가 대중과 언론 사이에 괴리를 만드는 이유 중 하나가 아닐까. 디자인이 모든 것을 바꿀 수는 없다. 그러나 많은 언론 종사자가 갖고 있는 '왜 아무리 열심히 만들어도 보지 않을까' 하는 고민과 대중의 '정보가 너무 많아서 필요한 정보를 찾지 못하겠어' '중요한 정보를 판단할 수가 없어' 하는 고민을 디자인이 어느 정도 해소하고 연결해 줄 수는 있다.

디자이너 없이도 최소한의 디자인을 해내는 방법. 두 가지를 기억하면 된다. 차이와 반복이다.

차이는 확실하게

모든 문장이 똑같은 무게를 가질 수는 없는 법이다. 내용이 '일반 문구 < 강조할 문구 < 특히 눈에 각인시키고 싶은 핵심 키워드' 이렇게 세 가지로 나뉜다고 치자. 이 세 가지는 극명히 달라야 한다. 가령 크기로 위계를 가져가기로 하고 일반 문구는 10포인트, 강조할 문구는 12포인트, 핵심 키워드는 14포인트 정도로만 차이를 둔다면 인지적 부담을 최소화할 수 없다. 독자는 미세한 차이를 감지하느라 에너지를 소모하거나 아예 감지하지 못한다. 차이는 과감히 주어야 한다.

너무 여러 번 강조해서도 안 된다. 인위적인 강조가 지나치게 많은 글은 강조 없는 글보다 못하다. 모든 문장에 하이라이팅을 하려 들지 말자.

반복은 일관되게

비슷한 정도로 강조하고 싶은 문구인데 어디서는 노란색 하이라이팅으로, 어디서는 빨간색 글씨로, 또 어디서는 폰트를 20퍼센트 키우고 어디서는 10퍼센트 키우고…… 이러면 매우 곤란하다. 대체 어디다 눈을 둬야 하지? 독자는 무의식적으로 혼란에 빠진다. 확실하게 '차이'가 드러나는 디자인 원칙을 한번 설정한 후 쭉 '반복'해서 가져가야 독자가 즉각적으로 '아, 노란색 하이라이팅한 내용을 특히 주의 깊게 읽으면 되는구나' 하면서 중심 생각을 쉽게 받아들인다. 디자인은 처음부터 단순하고 명확한 원칙을 세우고 그걸 잘 지켜야 한다. 채널 하나, 코너 하나를 브랜딩할 때 필수적으로 거치는 작업이기도 하다.

더 많은 팁은 『좋은 문서디자인 기본 원리 29』(안그라픽스, 2012)라는 책을 참고하면 좋다. 부제가 '디자이너가 아닌 사람들을 위한 편집디자인 안내서'인 이 책은 디자인 전문 출판사 안그라픽스에서 일한 김은영 디자이너가 쓴 비전문가용 디자인 도서다. 언어화되지 않은 채로 디자인 커뮤니케이션을 하느라 애를 먹다가 뒤늦게 이 책을 알고 광명을 찾았다. 몇 년 전 회사에서 신입 기자·PD 통합 디지털콘텐츠 교육을 맡은 적이 있었다. 사실 윗선이 생각한 교육 목적은 기초적인 포토샵/프리미어 실무 익히기였다. 하지만 나는 왜 내용을 생각하는 사람이 디자인도 생각해야 하는지, 왜 두 가지가 결국 다르지 않은지 설명하는 데 더 많은 시간을 할애했다. 그때도 이 책을 추천했고, 교육에 많은 도움이 되었다.

   디자인하는 방법은 글쓰기의 수사법과 완벽히 대응된다. 글이 중심 생각과 세부 생각으로 구성되듯 디자인에도 위계가 존재한다. 같은 무리는 모여 있어야 하며, 다른 무리는 떨어져 있어야 한다. 이러한 측면에서 디자인은 결코 데코가 아니라 메시지이며, 디자인하는 사람과 기획하는 사람은 분리될 수 없다. 그래서 좋은 디자인을 구현하는 사람은 글도 잘 쓸 것이라는 생각이 있었다. 이 막연한 추측은 '일상의실천'과의 협업에서 확신이 되었다.

*

  일상의실천은 권준호, 김경철, 김어진 디자이너 셋

이 운영하는 그래픽디자인 스튜디오다. 평소 그들의 작업을 눈여겨봤고, 언론사나 시민단체와 의미 있는 협업을 한 사례도 알고 있었다. 우리는 인턴 시절 임시로 만들어 줄곧 쓰고 있던 채널 로고를 변경하기 위해 조심스레 연락을 했다. 적은 예산을 가지고 퇴짜 맞을 각오를 다진 채. 일상의실천은 채널의 의미를 고려해 기꺼이 브랜드 아이덴티티 리뉴얼을 맡아 주었다. 대신 우리는 감사한 마음을 담아 로고 변경 과정을 인터뷰로 담았다. "정확한 디자인이 좋다"는 김어진 대표의 말처럼, 그들의 소통 방식은 그들의 디자인과 닮아 있었다. 하물며 출판사에서 보내는 이메일에서도 이따금씩 눈에 띄는 맞춤법 오류를 일상의실천 이메일에서는 발견할 수 없었다. 물론 내용 면에서도 군더더기가 없었다.

"디자이너는 굳이 갑을관계를 따지자면 을의 위치에 있는 경우가 많거든요. 강요된 을이라는 입장에서 어떻게 하면 영혼을 잃지 않고 작업을 지속해 나갈 수 있을까 (고민해요)."

―「"월급 주니까, 하라는 대로 해?"

「현타 맞은 디자이너 각성기」(2021)

영혼. 생각이 많아지는 단어다. 누군가는 이 대목에서 '아니 그럼 클라이언트의 요구에 충실하게 업무를 수행하는 디자이너는 영혼이 없는 건가?' 하는 반발심이 들 수도 있다. 그러나 그들이 말 그대로 '일상의 실천'을 하는 행보를 지켜보면, 그 영혼이라는 것이 거창한 개념이 아니라 일하는 인간이라면 누구에게나 필요한 무엇을 가리키는 단어임을 알 수 있다.

대학 동기였던 세 사람은 졸업 이후 각자 경력을 쌓다가 다시 모였다. 상업적인 활동을 하면서도 동시에 사회적 메시지를 내는 해외 디자이너들이 부러웠던 차에, 공동작업실을 만들어 자신들도 함께 실천해보기로 했다. 그들은 학창 시절 함께 촛불집회에 갔을 때 시민단체 전단지를 받아 보고 '아, 디자인을 좀만 신경 쓰면 관심을 더 가질 것 같은데' 하는 생각을 했단다. 그 초심으로 비영리단체와 꾸준히 협업하고, 사회적 메시지가 명확하며 클라이언트가 없는 프로젝트도 일부러 시간 들여 시도했다.[17]

권준호 디자이너가 쓴 『디자이너의 일상과 실천』

(안그라픽스, 2023)에 이런 대목이 있다. 디자이너는 현실의 단면을 시각적으로 구현하고, 때로는 삶의 깊은 곳 이야기를 전달하는 도구를 만들어 낸다고. 이 부분을 읽으면서 '디자이너'라는 단어를 '씨리얼'로 대치해도 어색하지 않다고 생각했다. 나 역시 씨리얼에서 비영리단체와 일반 사기업을 넘나들며 지난하게 협업해 왔고, 그들에게 충분히 존중받으면서 건강한 협업을 이어 갈 수 있을지 늘 고민이었다. 일상의실천과의 인터뷰 중엔 이런 이야기도 있었다. 저예산 프로젝트를 수락하고 나면 상대방이 그저 그런 결과물을 주겠거니 혹은 대충 하겠거니 지레짐작하는 시선을 보낼 때가 있다고. 그게 그렇게 모욕적일 수 없다고 했다. 나도 같은 생각이었다. 그래서 의미를 제하고서도 영상 자체로 훌륭한 결과물을 내보이기 위해 기술적으로도 안주하지 않고 다소 능력주의적으로 노력하기도 했다. 어쩌면 '최소한의 디자인'에 대한 강박은 다른 게

> 17 가장 최근 사례는 비상계엄과 탄핵 정국을 맞아 기획한 '시대정신' 프로젝트다. 1960년 4·19혁명부터 지금까지 약 65년간 발표된 시국선언문 220여 편을 아카이브한 뒤 현 시점에서도 유효한 표현을 시각화해 포스터를 만들었다. 지금까지 정치적 입장을 드러내지 않았던 디자이너들까지 동참하겠다고 알려 와 총 63개 디자인 그룹이 함께했다고 한다.

아니라 이런 심리에서 비롯됐을지도 모르겠다.

20 변하는 방식으로 말하기

 영상을 업로드하는 날, 씨리얼 팀의 카톡방은 어느 때보다 분주하다. 섬네일과 제목을 확정해야 하기 때문이다. 섬네일과 제목은 뉴미디어 콘텐츠에서 어느 정도 지분을 차지할까? 단언컨대 7할 이상이다. 거의 모든 대중문화 콘텐츠에서 제목은 중요하지만, SNS를 통해 송고하는 온라인 콘텐츠에서 그 중요성은 몇 배가 된다.

 심리학사이자 경제학자인 대니얼 카너먼은 『생각에 관한 생각』(김영사, 2018)에서 인간의 사고 과정을 두 가지 시스템으로 구분해 설명한다. 빠르고 직관적이며 즉각적인 시스템1과 신중하고 분석적이며 의식적인 노력이 필요한 시스템2. 씨리얼은 명백히 시스템2를 요구하는 주제를 자주 다룬다. 제목과 섬네일만큼은 다르다. 시스템1이 즉각 반응하도록 설계한다. 현실적인 선택이자 전략이다. 플랫폼의 무한 스크롤 구조 탓에 '선택의 순간'은 길어 봤자 1~2초 이내. 그동안 콘텐츠 소비자가 스크롤을 멈추고 클릭할 이유를 제공해야 하는데, 사람이 1~2초 동안 뭘 얼마나 깊이 생각하겠는가. 아무리 훌륭한 콘텐츠라도 첫 관문을 통과하지 못하면 디지털 생태계에서는 아예 존재하지 않는 것과 다름없다.

다만 배반하지 않는 만큼만. 핵심은 제목과 내용에 괴리가 없어야 한다는 것이다. 우리 일터에서 클릭베이트[18]는 날이 갈수록 과해진다. 말초신경을 자극하는 제목에 이끌려 클릭했더니, 역시나 뻔한 내용이거나 가짜뉴스인 경우가 부지기수. 이 암흑의 생태계에서 살아남으려면 적절한 낚시가 불가피하지만, 내용이 맹탕이면 우리도 똑같이 가짜뉴스가 되는 거다. 시

---

18 과장되거나 자극적인 제목이나 섬네일로 클릭을 유도하지만 실제 내용은 기대에 못 미쳐 독자를 기만하는 행위를 말한다.

스템1로 시선을 끌되, 시스템2로 깊이를 제공한다. 이것이 씨리얼 콘텐츠 배포 전략의 핵심이다.

이를 위해 우리가 고안한 방식은 기획 단계부터 예상 섬네일 문구를 박아 두고 내용과 주제를 짜는 것이다. 다음은 씨리얼 위키(매뉴얼)에 적어 둔 내용을 그대로 옮긴 것이다. 여전히 알다가도 모를 씨리얼 독자들이지만 오랜 기간 채널을 운영하면서 터득한 일종의 감을 언어화해 본 것인데, 보편적인 요소와 씨리얼에만 해당하는 요소가 섞여 있으니 참고만 해 보시라.

독자를 만족시킬 포인트 10
—지금 궁금한 부분을 해소해 주길 기대한다.
—하고픈 말이 있는데 대신 속 시원하게 말해 주면 좋겠다.
—'원래 그렇다고 여겨지는 것'에 대해서 의문을 갖게 해 주는 콘텐츠를 좋아한다.
—조금 더 다양한 삶의 선택지를 바란다.
—당당하고 솔직하고 멋진 사람(특히 훌륭한 어른)에 목말라 있다.
—명확한 관점이나 논리를 갖추고 싶지만 이슈의 맥

락을 따라가기 어렵다.
— 그래도 평소엔 생각 없이 볼 수 있는 유쾌한 콘텐츠에 더 손이 간다.
— 더 친절하고 쉽게 설명해 줬을 때 이해도가 높아진다.
— 관음증이 있다.
— 구체적 인생/생활 꿀팁을 원한다.

섬네일을 붙이는 데 왕도는 없다. 부끄러워도 생각나는 대로 막 던져서 제일 괜찮은 것을 취한다. 트렌드 활용도 유효한 전략이다. 씨리얼도 트렌드를 따르냐고? 당연하다. 다른 뉴미디어 채널에 비해 호흡이 느린 편이라 특정 커뮤니티에서 발생하는 순간적 유행을 즉각 따라가지는 않지만, 동시대의 감각을 반영하는 기획을 꾸준히 시도한다. 드라마『이상한 변호사 우영우』를 본 자폐장애인,『미지의 서울』을 본 현실 히키코모리 같은 기획이 그 예다. 페미니즘 리부트, 케이팝 부흥, 인공지능의 발달처럼 사회문화 전반에 영향을 미치는 메가 트렌드는 채널 전반을 아우르는 문제의식으로 작동한다.

섬네일과 자막에 밈을 섞는 등 확산을 위한 단기 트렌드는 20대 PD나 인턴의 감각에 적극 의지한다. 다만 필터버블에 갇히지 않으려고 나 역시 가능하면 이것저것 눌러 보는 편이다. 트렌드를 따라가기엔 역시 쇼츠만 한 것이 없다. 여력이 된다면 트렌드에 대한 심도 있는 이해도 시도해 볼 만하다. 그 현상이 왜 지금 이 순간 사람들의 관심을 끄는지 파악해야 대중과의 연결고리를 만들 수 있다. 왜 이 트렌드가 이 시대에 등장했는가. 사람들은 지금 무엇을 갈망하는가. 일에 써먹을 것을 찾기 위해 쇼츠를 본다기보다, 그냥 별생각 없이 보다 보면 자연스럽게 사람들의 욕구를 읽게 된다. 기획자란 보편적 감정을 자극할 줄 아는 사람이고 트렌드는 집단적 욕구의 표현이다. 섬네일에 밈을 직접 쓰는 것만이 아니라, 그 밑바닥의 욕구를 포착해 은근히 건드리는 것 또한 트렌드 활용법이다. 콘텐츠 제작자로서 오랜 목표를 다른 방식으로 단순화하자면, 좀처럼 변하지 않는 것을 변하는 방식으로 말하는 것이다. 변하지 않는 것은 보통 책에 있다. 변하는 것은 보통 쇼츠에 있다.

*

앞서 언급했던 「과학자들이 아무리 말해도 당신이 현실부정하는 10년 후 팩트」는 제목 덕분에 흥한 대표적인 사례다. 내용적으로는 '기후위기 기초 설명 영상'으로서 더할 나위 없었다. 1) 사람들의 궁금증을 자극하며 시작하고, 2) 권위 있는 전문가가 등판해, 3) 너무나 충격적인 사실을 알려 주며, 4) 설명이 어렵게 느껴지지 않도록 직관적인 소품과 모션그래픽을 곁들여 내레이션으로 쉽게 풀어냈다. 하지만 영상이 업로드된 이후 3일 동안 지켜보니 조회수가 2만 남짓. 진가를 발휘할 만큼의 조회수가 나오지 않았다. 출연자로 등장한 김지석 그린피스 전문위원이 인터뷰하기 전 스몰토크로 했던 말이 맴돌았다. "기후위기가 주제라고요? 어차피 망할 거예요." 그런 뻔한 결과를 만들지 않으려고 잠도 못 자고 고민하며 고생한 일을 떠올리자 너무 억울해졌다. 마감 끝내고 친구들과 만나 밥을 먹으면서도 머릿속으로는 끊임없이 사람들을 자극할 제목을 생각했다(친구들아, 미안해).

그렇게 뇌를 풀가동해 산출해 낸 새 제목 '과학자들

이 아무리 말해도 당신이 현실부정하는 10년 후 팩트'는 모든 표현에 그럴듯한 이유를 두고 조합한 문장이다. 어떤 영상이든 조회수가 터지려면 기존 씨리얼 구독자의 경계를 넘어야 한다. 나는 과학 유튜브를 주로 보는 사람들의 알고리즘에 등장해 보기로 했다. 이성적이고 과학적인 사고를 추구하지만 기후위기에는 무감한 사람들로 구체적인 타깃을 잡고, 살짝 '어그로'를 끌어 볼 작정이었다. '아무리 말해도' '현실부정' '팩트' 같은 조금 도발적인 표현을 썼다. '10년 후에 큰 문제가 발생한다'는 뉘앙스는 결코 사실과 다르지 않다. 대다수 기후위기 관련 보고서에 의하면 업로드한 당시로부터 10년 뒤인 2030년이 가장 큰 고비가 될 터였다. NDC(국가 온실가스 감축 목표)가 2030년에 맞춰진 이유이기도 하다.

제목을 바꾸자 놀라운 일이 벌어졌다. 조회수가 슬금슬금 오르는가 싶더니 점점 고공 상승하면서 하루에 10만 명이 영상을 보기 시작한 것이다! 이후 일주일 동안 구독자도 4천 명이 늘었다. 곧장 후속편으로 Q&A를 만들기 위해 김시석 위원(그는 폭발적인 조회수에 깜짝 놀라 댓글판에 상주하며 이미 사람들의 궁금증을 풀어 주고 있었다)을 비롯해 과학자, 청년 기후 활동가, 정치인을 찾아갔다. 이 두 영상은 지금도 수많은 기후 위기 교육에서 쓰인다는 얘기를 종종 전해 듣는다.

언론계에서 일하며 두 가지 안타까움을 본다. 첫 번째, 갈수록 자극적인 제목을 다는 매체들이다. 대부분의 크리에이터가 돋보이려고 자극적인 제목을 달더라도 언론이라면 넘어서는 안 될 선이 있다. 요즘은 언론이, 심지어 공영방송마저 더 적극적으로 선을 넘는 경우를 많이 본다. 두 번째 경우는 더 안타깝다. 유익하고 신선한 내용을 담았지만 자극적이지 않은 제목 때문에 외면받는 매체들이다. 클릭베이트에서 많이 쓰이는 '놀라운' '충격적인' '의외의' 같은 표현은 그야말로 그런 내용에 어울릴 수 있다. 일단 클릭하고 보면 이 표현이 단순한 낚시가 아니라 진정으로 가치 있는 정보에 대한 관심을 끌어내려는 노력임을 모두가 이해할 것이다. 나는 이 두 번째 경우야말로 '제목과 내용의 괴리'라고 본다. 섬네일은 마지막, 아니 어쩌면 우리의 유일한 기회다. 신문사에 지면 제목을 다는 편집기자라는 직군이 따로 있듯이, 이제는 섬네일을 만들고 제목을 다는 뉴미디어 전문 에디터 직군이 따로 필요한 것은 아닐까 하는 생각마저 든다.

21 유튜브에서 만난 천재들

 유튜브라는 세계는 자주 끔찍하다. 쉴 새 없이 콘텐츠가 쏟아지는 정글에서 돋보이려 사람들은 콘텐츠를 점점 더 자극적으로 만든다. 누구나 자유롭게 콘텐츠를 만들어 유통할 수 있게 되면서 벌어진 결과다. 하지만 같은 이유로, 이런 주변과 상관없이 반짝이는 콘텐츠가 가뭄에 콩 나듯 발견되기도 한다.

 질 좋은 유튜브 콘텐츠는 문장력만 좋아서도 안 되고 촬영 때깔이 좋다고 되는 것도 아니다. 비주얼과 대사가 절묘하게 서로를 도와 가며 오감을 활용하는 시대의 문법을 구사해야 한다. 유튜브에서 돋보이는 천재들의 공통점이 바로 '올라운더'인 이유다. 이렇게 찰떡같은 구성과 편집은 함께 만드는 사람들이 아주 친밀하거나, 차라리 혼자여야 가능하다.

한 땀 한 땀, 이전과 다른 방식의 감성과 문법을 구축하는 장인 유튜버들이 있다. 가령 2024년에는 '인생 녹음 중'이 돋보였다. 부부가 함께 운영하는 이 채널은 차 안에서 자동 녹음된 일상 대화를 간단한 애니메이션에 입혀 내보내는 채널이다. 평소 운전하는 남편이 졸릴까 봐 아내가 웃긴 이야기를 하거나 노래를 불렀는데, 남편이 녹음 앱을 켜 두면서 기록이 시작됐다고 한다. 도로가 막힐 때 나눈 짧은 티키타카 대화를 애니메이션화한 「결혼 7년 차 남편의 반응 속도」라는 쇼츠가 소위 '떡상'하면서 급속도로 알려졌다.

두 사람은 코드가 진정 찰떡궁합이다. 아내는 유머 감각이 남다르고, 남편은 앞서 말한 쇼츠 제목처럼 리액션 천재다. 게다가 대화의 포인트를 절묘하게 포착해 간단한 애니메이션으로 뽑아 낸다. 그 결과 과한 자극 없이 유쾌함과 따스함만으로 '결혼 장러 유듀버'라는 별명을 읻었다. '창의직'이라고 평가받는 많은 한국 유튜브 채널의 상당수가 알고 보면 외국 유튜브 채널의 형식을 그대로 본뜬 경우가 많다. 그와 달리 '인생 녹음 중'은 한국의 라디오와 팟캐스트, 브이로그를 절묘하게 섞어 새로운 장르로 변주해 낸 것에 가까워 보인다.

2021년에 「당근마켓 남편들」이라는 코미디 콩트 영상으로 혜성같이 나타나 꾸준히 사랑받고 있는 '너덜트' 역시 천재과다. 너덜트는 등장 이후 수많은 스케치 코미디 채널을 탄생시켰다. 연기는 물론 기획, 촬영, 편집을 단 세 명이서 하는데, 광고 제작 경력을 바탕으로 탁월한 영상미를 선보인다. 짧으면 5분, 길어도 15분이 넘지 않는 영상에서 특별히 신경 쓴 포인트가 백 가지도 넘어 보인다. 이러한 퀄리티를 4년 넘게 유지하고 있다는 게 가장 놀라운 점이다.

*

이쯤에서 다름 아닌 이 글을 쓰게 만든 내 마음속 유튜브 천재 원톱을 소개하고 싶다. 바로 '윤이버셜'이다. 윤이버셜은 '윤이'라는 제주도에 사는 20대 초반 여자 인간과 길고양이 일곱 마리가 구축한 세계다. 낡은 철문과 돌담으로 둘러싸인 작은 집이 배경이다. 고양이들은 집과 돌담 사이 비좁은 공간을 쏘다니며 인간의 보살핌을 받는다. 윤이버셜의 세계에서 인간과 고양이는 그저 '너와 나'다. 인간은 세밀한 시선으로 고양이를 바라보고, 그들의 삶에 자신의 삶을 대입하며 자주 스스로를 다독인다.

어떤 고양이는 밥 한번 먹지 못하고 길 위에서 죽어 가고 어떤 고양이는 충분한 삶을 제공받는다.
인간의 삶과 크게 다르지 않은 모습에 마음이 기울었다.
─「자기 발로 찾아온 아기 고양이?!
길냥이 4형제 근황!」

윤이버셜은 고단한 삶과의 혈투 그 자체다. 윤이는 시간에 쫓겨 살지 말자고 하면서도 중력을 느낄 틈도 없이 일을 한다. 오전에는 브런치 카페에서, 밤에는 맥줏집이나 편의점에서. 쉼 없이 일해 번 돈으로 길고양이를 돌보고, 몸이 불편한 엄마 아빠를 보살피고, 마지막에 자신을 돌본다.

'바지런하다'라는 표현을 인간화하면 윤이가 아닐

까. '바지런하다'는 '열심'이나 '부지런하다'라는 표현과 비슷하면서도, 무언가를 알뜰살뜰 준비하고 챙기고 가꾸고 돌보는 행위에 더 어울리는 형용사다(소위 '바깥일'엔 근면 성실하지만 돌봄노동에는 소홀한 가부장 남성에겐 썩 어울리지 않는 표현이다). 윤이는 잘 갈아 낸 낡은 칼로 각종 재료를 손질해 밖에서 사 먹기엔 비싼 메뉴를 야무지게 만들어 먹는다. 740원어치 고추, 390원어치 미나리에 오이와 사과, 깻잎을 채 썰어 넣은 골뱅이 소면. 할인해서 12,000원에 산 호주산 소고기 네 조각 곁들이기. 이마트 마감 세일에서 산 4,800원짜리 광어 서덜로 매운탕 끓이기.

요리할 땐 몸의 감각에 온전히 집중할 줄 알고, 바쁜 와중에도 볕을 따라가기를 잊지 않는다. 발을 뗄 때마다 뒷걸음치는 시간을 계속해서 아쉬워한다. 윤이는 늘 '통제할 수 있는 것'과 '없는 것'을 구분하며, 통제할 수 있는 것에 집중하고자 한다. 그러나 끝끝내 자유를 갈망하며 종종 의문을 던진다.

어둠이 다가오며 또 다른 빛은 존재를 드러낸다.
오늘도 나는 그 빛을 쫓고 있다.

누군가의 들뜬 북적임을 지나

이곳에 나의 시간을 쏟는다.

맥주에 청포도 시럽을 넣으면 청포도 맥주가 된다.

시럽 하나 담으면 이름이 바뀐다는 말이다.

시간엔 뭘 담아야 할까.

―「알바몬 학생의 브이로그」

오래전부터 생각해 왔다.

태어남 그리고 그 끝 사이

무언가를 선택하는

하지만

선택하지 않았는데

망가진 마음에도 저런 것들을 담을 수 있을까.

―「학교 다녀와 도토리묵 만들기」

 그의 자막은 내게 영락없이 시로 느껴진다. 그것도 거짓 한 톨 없는. 작은 존재에 두는 윤이의 모든 눈길이 좋았다. 한데 그것만이 아니다. 칼질 소리를 유쾌하게 따라가는 설묘한 편집 템포. 긴장감을 부여하는 BGM과 효과음(심지어 무료라서 선택했을 클래식 음악이다). 윤이가 아무 장비도 없을 때 아이폰 하나로 촬영하고 편집한 초반 영상을 보며, 이 사람은 정말 천재라는 생각이 들었다.

윤이버셜은 이제 더 이상 업데이트되지 않는다. 엄마의 고향인 제주에 부모님과 고양이와 함께 살 집을 짓는 게 꿈이라던 윤이는 2022년 여름, 일찍 생을 마감했다. 윤이를 마지막으로 추모하기 위해 '윤이를 그리며'라는 제목으로 올라온 영상에는 지금도 매일매일 댓글이 달린다. 태어나 처음으로 제주도 여행을 와서 해안도로를 걷는데 문득 생각이 났다는 댓글. 봄이 와서 달아 본다는 댓글. 유독 라면을 먹을 때면 생각나서. 서귀포에 비가 많이 왔다는 소식에 걱정돼서. 요즘 너무너무 힘들어서.

짤막한 단편소설을 가지고 방사형 그래프를 그려 가며 소설에 담긴 것 이상으로 세계관을 분석하는 밀도 높은 비평을 종종 본다. 그런 글을 볼 때마다 누가 윤이버셜도 그럴듯한 비평을 해 줬으면 좋겠다고 생각했다. "특유의 덤덤한 자막에 담긴 담담한 삶의 자세"[19]

---

19 baecheolbak1179라는 닉네임을 쓰는 유저가 윤이버셜 유튜브 영상에 단 댓글의 표현을 빌렸다.

를 보며 비슷한 처지의 사람은 위로받고 누군가는 영감을 받았다. 위로와 영감을 동시에 건네는 사람, 그게 예술가가 아니면 무엇이겠는가.

  가끔 생각해 본다. 가령 브론테 자매가 이 시대에 태어났다면 꼭 시나 소설을 쓰려 했을까? 유튜브를 하려 하진 않았을까? 특히 돈이 없는 사람이라면 말이다. 기성 언론과 예술계가 주목하지 못한, 스스로 목소리를 내기로 한 이들의 결과물이 유튜브에는 간혹 있다. 유튜브는 자주 혐오스럽지만, 이렇게 가끔 작고 위대한 사람들이 '스스로' 소리 낼 수 있게 한다. 그건 매스미디어가 결코 해낼 수 없는 일이다.

4부

모두를 위한 저널리즘

22 뉴스 보는 법 (1)

 필요한 정보를 어떻게 하면 재미있게 전달할 수 있을까? 일단 필요한 정보가 뭔지 알아야 한다. 그럼 필요한 정보는 어디에 있을까? 뉴스에 있다.

 유튜브 콘텐츠는 내게 '정보'보다 '현상'에 가깝다. 요즘 사람들이 어떤 내용, 어떤 스토리텔링에 흥미를 느끼거나 거부감을 갖는지 체크하기 위한 척도다. 나는 유튜브보다는 기성 언론사 채널에서 정보를 찾는다. 기자가 '기레기' 소리를 듣는 시대지만, 기자는 윤리적 감각을 가지고 끝없는 훈련을 통해 정보를 발굴하고 팩트 체크를 하며 정보를 양산하는 전문가다. 데

스킹[20]이라는 게이트키핑 구조 역시 달리 존재하는 게 아니다. 기자는 적어도 '기사'의 형식으로는 가짜 뉴스를 살포할 수 없다. 다양한 견제 장치가 있기 때문이다. 언론중재위원회도 있고, 『미디어오늘』이나 『미디어스』 같은 미디어 비평지도 있고, 언론을 감시하는 시민단체도 있으며, 언론사마다 공정방송위원회 같은 사내 기구도 있다. 무엇보다 동종업계 종사자들의 엄격한 시선이 있다. "언론보다 낫다"는 댓글을 받으며 신뢰도를 쌓고 양질의 콘텐츠를 만드는 유튜버도 내용 출처를 살펴보면 논문 아니면 기사다.

젊은 사람들은 뉴스를 보지 않는다. 여러 가지 이유가 있겠지만 일단 시간을 많이 써야 하기 때문이다. 한번 이슈가 터지면 실시간으로 새로운 정보가 업데이트되기 때문에 맥락을 따라가기 어렵고, 따라가려면 시간을 많이 써야 한다. 안 그래도 1분짜리 쇼츠에 둘러싸인 시대에 그 짓을 매일 하기는 어렵다. 나도 마찬가지다.

그래서 내가 선택한 방법은 먼저 회사에서 뉴스를

---

[20] 기자가 취재해 쓴 글을 선배 기자 혹은 부장이 검토해서 승인하는 절차.

일(상)적으로 소비하는 사람에게 기대는 것이다.

    조석영 PD만큼 뉴스를 달고 사는 사람은 내 주변에 없다. 그는 대학생 때부터 정치 고관여층이었고, 뒤늦게 PD를 준비해 입사한 뒤에는 『시사자키 정관용입니다』 『김현정의 뉴스쇼』 그리고 나와 함께한 『오뜨밀』이라는 프로그램을 거쳐 현 씨리얼까지 거의 계속 시사 콘텐츠만 만들어 왔다. 흥미롭게 읽은 링크를 던지면 백이면 백 이미 읽었다고 답해 나를 멋쩍게 만드는 사람이다. '뉴스자판기' 조PD를 인터뷰해 보았다. 이하 조석영은 조, 신혜림은 신으로 표기했다.

*

신 평소 뉴스 보는 루틴을 알려 주세요.
조 뉴스를 크게 정리와 발생으로 나눠서 얘기할게요. 뉴스를 업으로 삼지 않는 지금은(인터뷰 당시 그는 잠시 음악프로그램을 맡고 있었) 일어난 일을 정리하기 위해 새벽 6시 라디오 뉴스 브리핑 프로그램 하나를 듣습니다. 그리고 '슬로우레터'[21]란 뉴스레터를 봐요. 이 두 개가 어제 있었던 일 중에 내가 몰랐던 일, 사람들이 중요하게 생각하는 일을 파악하는 루틴이에요. 발생 즉 실시간으로 일어나는 일은 포털 메인 뉴스를 틈틈이 체크하는 정도로 봅니다.

신 지금은 예전처럼 실시간 검색어 기능이 있는 것도 아니고 포털이 뉴스를 선별하지도 않잖아요.[22] 어디서 뭘 본다는 거죠?

조 다음을 예시로 들면, 모바일로 들어갔을 때 언론사 탭이 랜덤으로 뜨는데 쭉 내리면서 제목들만 한번 봐요. 몇 번씩 새로고침하면 20~30개 정도 되는 주요 뉴스의 제목을 볼 수 있고요. 지금은 굳

---

21 미디어 비평지 『미디어오늘』 대표를 지낸 이정환 기자가 2023년부터 서비스하고 있는 뉴스레터. 매일 3시 30분에 일어나 직접 일간지 10개 정도를 보고 각 언론사가 강조한 내용을 자신만의 관점으로 재조합해 아침 7시에 발송한다.

22 네이버, 다음 등 포털의 실시간 검색어 서비스는 막대한 영향력으로 인해 과도한 마케팅과 여론조작 논란을 불러일으켰다. 결국 다음은 2019년, 네이버는 2021년 해당 서비스를 폐지했다. 포털이 직접 뉴스를 선별하고 배치하던 권한도 점차 이용자와 언론사로 이양되었다. 이는 포털의 정치적 중립성 논란에서 벗어나고 언론사와의 협력관계를 강화하기 위한 조치였다. 뉴스 생산 주체인 언론사보다 포털이 더 큰 역향력을 행사해 온 구조적 문제 역시 이러한 변화의 배경이 됐다. 다만 뉴스 소비자 입장에서는 포털의 큐레이션 기능이 사라지면서 뉴스를 손쉽게 접할 수 있는 통로가 분산되었다는 아쉬움이 남는다.

이 전부 눌러 보지 않습니다. 뉴스를 그렇게 깊이 들여다볼 필요는 없으니까요.

근데 시사프로그램을 내가 직접 만들어야 하는 상황이면, 일단 아침 라디오 주요 프로그램의 메인 뉴스 브리핑을 전부 듣습니다. 그러니까 한 서너 개 듣는 거죠. 제가 라디오 PD여서이기도 하지만, 어쨌든 뉴스를 가장 빠르게 선별하는 사람들이 라디오 PD라고 생각하기 때문이에요. 무슨 아이템을 했나 체크 한번 싹 하고 주요 언론사가 발송하는 뉴스레터도 한 번씩 쭉 봐요. 그리고 발생은 통신사 애플리케이션 알림을 켜 놓죠. 포털도 틈틈이 들어가서 체크하고요.

신 그건 라디오 PD나 작가의 뉴스 밸류[23]를 믿는 거예요, 아니면 영향력을 믿는 거예요?

조 둘 다예요. 그들이 판단한 가치를 믿는 것도 있고, 그렇게 다들 쏟아 내기 때문에 그날의 가치가 되기도 하거든요. 둘은 연결돼 있죠. 한 프로그램만 들으면 바이어스(편향)가 생기는데, 서너 개를 들으면 웬만한 건 다 커버가 돼요. 그리고 이건 그냥

[23] 매체가 사실을 뉴스화하는 기준

사적인 건데, 운동하면서 빠르게 파악하려고 라디오를 듣는 거예요. 기자들의 경우 보통 조간신문을 보면서 하루를 시작하죠.

신 조PD는 시사프로그램을 안 할 때도 뉴스를 놓지 않네요.

조 뉴스 보는 이유를 묻는 거죠? 쉽게 말하면 저는 호기심이 많고 정보가 쌓이는 걸 좋아하는 사람이에요. 여러 콘텐츠 중에서도 뉴스를 보는 이유는 막 보면 행복하다, 이게 아니라 좋은 판단을 하고 싶어서고요. 정확한 정보와 합리적인 분석. 저는 고등학교 때부터 신문을 봤어요. 학교에서 보라고 그랬거든요.

신 NIE 교육[24]을 시킨다고 신문을 진짜 보는 사람은 거의 없어!

조 그냥 스마트폰이 없던 시절에 학교를 다녔기 때문에…… 중요한 뉴스가 나왔는데『한겨레』1면과『조선일보』1면이 다르다든가, 혹은 칼럼이나 사설을 보면 이게 왜 재밌는지를 점점 알게 된다고 해야 하나. 익숙해지면 보는 눈이 생기고, 그다

---

24 Newspaper In Education. 신문 활용 교육을 말한다.

음에는 즐길 수 있는 영역까지 가게 되는 거죠. 그렇다고 소설보다 신문 보는 게 좋았다는 건 아닌데, 뉴스 보는 습관은 그때부터 들었어요.

신 기본적으로 좋은 판단을 하고 싶은 욕망이 되게 큰가 보다.

조 그렇죠. 헛소리하는 거 되게 싫어해요. 그래서 칼럼이나 평론보다는 스트레이트 기사를 좋아하긴 해요.

신 스트레이트 기사만으로는 사안을 어떻게 판단할지 결정하기가 되게 어렵잖아요. 건조하고 객관적인 정보를 가지고 나만의 판단을 하게 되기까지의 팁이 있을까요?

조 네. 그건 너무 어려운 일이죠. 상속세를 예로 들자면, 대한민국 상속세가 너무 높다고 보는 사람들이 있고 너무 낮다고 보는 사람들이 있어요. 그리고 양쪽 다 사실관계상 맞는 말이 있어요. 어디랑 비교하느냐에 따라서. 그러면 내가 상속세 자체를 어떻게 바라봐야 할까 생각해 보는 거죠. 우리나라는 상속세가 높대. 다른 OECD 국가들에 비해 비율상으로 높다고 하는데, 과연 실효세율까지 높은가, 실제로 초고소득자들이 충분히 내고 있는 가, 이런 것을 생각하게 되면 관련 데이터가 많이 있습니다. 찾아봐야 하는 과정이 들어가는 거죠. 그런 노력을 그냥 하는 수밖에 없어요. 혹은 그 노력을 누군가 대신 해 준 걸 찾아야죠.

결국에 그런 것 같아요. 뉴스의 맥락과 본질을 파악하려면 어떻게 해야 하는가. 사실관계의 경우는 『○○일보』 같은 주요 언론사발 스트레이트 뉴스를 확인하면 됩니다. 그다음 관점의 경우는 중급반인데요. 여기서부터는 평론가, 대기자 혹은 잔뼈가 굵은 오래된 정치인이 뭐라고 말하는지를 들어 봐야 해요. 보통은 사회문제라는 게 반복되기 때문에 옛날에 다 한번 겪었던 일이고, 그때 어떤 일이 있었고 결과적으로 어떻게 됐는지 그들이 대충 알고 있어요. 근데 그런 것도 여러 개 들어 봐야 합니다. 왜냐하면 그 사람들도 자기 입장에 따라 말하기 때문에.

또 그 말의 신빙성을 파악하기 위해서는 그들이 뭘 해 왔는지 보면 됩니다. 가령 계엄 사태에 대해 현재 정치를 안 하는 법조인이나 헌법을 오랫동안 연구해 온 사람들은 탄핵이 인용될 수밖에 없다고 주구장창 이야기하고, 보수나 극우 단체와 연관 있는 법조인은 기각될 것이라고 이야기할 때, 이 두 입장에 대해 a도 맞고 b도 맞다고 생각할 필요는 없다는 거죠.

그리고 저의 특징인지 모르겠지만 방송 인터뷰에서 본질이나 맥락을 파악하기가 좋아요. 반론하는 질문을 할 수 있잖아요. 그러다 보니까 아주 헛소리는 못 해요. 헛소리를 하면 티가 나거나. 그래서 저는 평론이나 분석은 방송을 선호하는 편이에요.

신 이게 진짜 팁이다. 그럼 우리는 뉴스를 왜 봐야 하나요?

조 뉴스가 내 삶에 영향을 미치는 건 너무 당연하니까. 『뉴스룸』이라는 미국 드라마가 있습니다. 제가 언론사에 들어오기 전에, 들어올 생각도 없었을 때 봤는데, 그때 되게 인상 깊었던 인용구가 있어요. 주인공이 토머스 제퍼슨을 인용하면서 했던 얘기인 것 같은데요. "민주주의는 잘 아는 시민 Well-informed Electorate에 의해서 유지된다." 근데 잘

못된 정보만 받는다면 좋은 판단을 할 수 없죠. 이때 좋은 정보는 오염되지 않은 정보고요.

신 『오뜨밀』을 왜 시도했어요?

조 그 얘기는 왜 하는 거야?

신 제가 님을 소개할 때 좋은 뉴스를 만드는 시도를 함께했던 동료라고 할 거거든요.

조 뉴스의 진입장벽이 높아서 진입하지 못하는 사람이 생각보다 많고, 그들이 볼만한 양질의 뉴스가 없다고 생각했기 때문에. 지금도 점점 없어지고 있고요. 그때 신혜림 PD가 『시사IN』 칼럼에서 '뉴스 소외층'이라는 표현을 썼는데, 어느 정도 동의합니다.[25]

---

25 「뉴미디어 PD가 라디오를 하는 이유」(2023.6.23.)라는 제목으로 『시사IN』에 기고한 글의 일부를 붙인다. "내 친구들은 왜 뉴스를 안 볼까?' 모든 젊은 뉴스 생산자의 가슴을 꽉 누르고 있는 질문이 아닐까. 어리석은 질문인 걸 안다. 답이 정해져 있기 때문이다. 뉴스가 그들을 대상으로 하고 있지 않아서다. 뉴스 생산자가 상정하는 뉴스 소비자는, 뉴스가 종종 비판하는 '국민과 닮지 않은 국회의 얼굴'과 정확히 같다. 국회의원 평균 연령은 54.9세. 거기에 여성 비율은 19%에 불과하다(제21대 총선 당선자 기준). 라디오·TV 시사프로그램 그 어느 채널을 돌려도 오랜 세월 축적된 지식을 자랑하는 중년 남성이 나와서, 뚜렷한 정치관을 가지고 있는 자신의 또래 고관여층을 상정해 이야기한다. 우리는 뉴스 회피층이기 전에 뉴스 소외층이다."

신 우리가 과연 도움이 됐을까요?

조 됐다고 생각합니다. 어쨌든 필요한 사람들이 있다는 걸 우리는 프로그램이 끝날 때 확인했고, 아쉬운 점은 필요한 사람들에게 충분히 가닿지 못했다는 거죠. 형식적인 아쉬움은 있지만 의미가 없었다고 생각하진 않습니다. 우리가 예를 들어 씨리얼에서 하는 설명형 콘텐츠를 막 찍어 낼 수는 없잖아요. 매일은 아니어도 최소한 일주일에 한두 번은 해야 뉴스 근육이라는 것이 생기고 만들어질 텐데, 그 시도를 또 하라고 하면 그때 생각해 볼게요.

신 그러면 마무리 질문으로, 석영 님은 좋은 판단을 하고 싶은 욕망이 큰 사람임에도 불구하고 끊임없이 뭔가를 찾아보고 소화해 내는 건 역시 스트레스잖아요.

조 귀찮죠.

신 그러면 뉴스 보는 게 직업이 아닌 사람한테는 지금 우리가 나눈 얘기가 굉장히 막연하고 거창한 행위일 수 있을 것 같은데, 뭐라고 영업하죠?

조 저는 저를 그렇게 추동하는 힘이 월급만은 아니

었어요. 자기 효능감이 생겨요. 그걸 해낼 수 있을 때 말이죠. 뉴스라는 게 기본적으로 스몰토크용 소재가 되기도 하지만 우리가 공통으로 경험한 사건인 경우가 많단 말이에요. 영향받을 사건이고요. 그것을 나누고 의견을 주고받는 과정 자체가 다른 사람들이랑 연결되는 과정이기도 하다고 생각해요. 그걸 어떻게 깨달았느냐면, 요즘 음악프로그램을 하면서 사람들이랑 얘기를 안 하니까 고립되더라고요. 뉴스는 보편적인 소재예요.

또 뉴스는 쌓여요. 경험이나 지식이나 정보가. 지금 어르신들이 뉴스를 습관적으로 볼 수 있는 이유는 미세하게 계속 쌓였기 때문이에요. 뉴스에서 소환되는 사건을 경험해 보기도 했고, 뉴스를 보다 보니 관련 지식과 정보가 쌓인 거예요. 알아두면 언젠가 도움되겠지라는 생각으로 뉴스를 보면 더 피곤해요.

신 나도 그런 동기로는 절대 뉴스 못 봐요.

조 그냥 조금씩 보면 돼요. 좀 더 실용적인 목직으로 뉴스를 볼 수도 있어요. 돈을 벌고 싶다? 그럼 뉴스 봐야 해요. 제가 전에 컨설팅 일을 했을 때 놀란 게, 여의도 증권맨이랑 컨설턴트들이 사회 변화에 무척이나 민감하더라고요. 경제 뉴스뿐 아니라 다양한 분야의 뉴스를 다 챙겨 봐요. 기업이나 조직이 문제를 해결하고 싶을 때 컨설턴트한테 조직 분석과 개선 방안을 맡기잖아요. 이때 컨설턴트는 모든 맥락을 깔거든요. 사회가 어떻게 바뀌고 있고 이런 이슈가 있는 상황에서 조직은 어떻게 살아남을 것인지를 이야기해요. 증권사 애널리스트 보고서에도 분석 근거에 뉴스가 들어가 있죠. 그러니까 "자, 돈을 벌기 위해서라도 뉴스를 보세요!"라고 말하고 싶네요. 말 같지도 않은 소리인가요?

신 하지만 설득력 있네요. 감사합니다.

23 뉴스 보는 법 (2)

2023년, 조PD와 유튜브 채널을 새로 만들었다. 이름은 씨리얼의 자매 채널답게 '오뜨밀'. 월~목 저녁 8시, 다들 지친 몸을 이끌고 귀가해 한창 재미난 콘텐츠를 볼 시간에 우리는 1시간 동안 오늘 본 뉴스에 대해서 떠들었다. 그리고 동시에 라디오로도 내보냈다.

회사에는 나와 다른 환경에서 일하는 동료가 많다. 씨리얼이 소속된 CBS는 본디 라디오방송국이다. TV 채널이 있지만 종교 분야에 한정되어 있고, 종합 언론으로서의 보도 기능은 라디오와 『노컷뉴스』라는 인터넷 매체를 통해서 한다. 내가 회사에서 만나는 라디오

PD와 기자는 자나 깨나 비가 오나 눈이 오나 같은 시간 같은 주파수에 존재한다. 그리고 지금 벌어지는 일을, 사람들이 궁금해할 이야기를 실시간으로 전한다. 나는 그런 그들을 존경했지만 정작 그들은 고민이 많았다. "나는 내 주변에서 아무도 안 볼 것 같은 뉴스를 만들어."

'방송매체 이용행태 조사'에 따르면 라디오의 주 청취층은 늘 중장년층이다. '가장 오래된 매체'에서 일하며 시대와 발맞추지 못한다는 초조함은 '뉴미디어'라는 이름을 달고 일하는 나의 초조함과 본질이 다르지 않았다. 결국 중요한 이야기를 필요한 곳에 전하고 싶다는 마음이기 때문이다. 한국언론진흥재단이 매년 실시하는 '언론수용자 조사'에 따르면 모든 매체에서 뉴스 이용률이 줄어들고 있지만 젊은 2030 세대의 이탈은 특히나 두드러진다. 2024년 조사에서 2030 세대의 뉴스/시사 이용률은 TV 등 기성 매체만이 아니라 유튜브 등 온라인 동영상 플랫폼에서까지 전년 대비 9~10퍼센트 감소했다.[26] 오감을 사로잡는 엔터테인먼

---

26 한국언론진흥재단, 『2024 언론수용자 조사』, 한국언론진흥재단, 2024.12.31.

트, 생활형 콘텐츠로 채워지는 피드에 균형감 있는 시사 콘텐츠가 끼어들 틈은 갈수록 좁아진다고 느꼈다 ('균형감 있는'이라고 굳이 말한 이유는 특정 진영의 논리를 설파하는 시사 콘텐츠 시장은 커지고 있기 때문이다).

다른 사람들은 그렇다 치고, 너는 왜 라디오를 하느냐고 주변에서 물었다. 씨리얼은 2030이 주요 독자층이기 때문이다. 대답은 간단했다. 나도 변함없이 그 자리에 존재해 보기 위해서다. 구성과 촬영, 편집, 그래픽까지 감당해야 하는 상황에서 시시때때로 터지는 이슈를 소화할 수는 없었다. 매번 늦는 만큼 좀 더 중요한 것을 친절하게 담으려 노력하지만, 사람들이 우리를 필요로 하는 그 시점에 서 있지 못했다. 플랫폼 정책에 따라 혹은 회사 내부 사정에 따라 바람 잘 날 없이 휘청이기도 했다.

뉴스 소비가 중장년층에 쏠려 있다고 그 눈높이, 그 취향으로만 만들어도 되는 걸까? 회사가 사용할 수 있는 전파라는 공공재의 아주 일부만이라도 달리 쓸 수 없을까? 장벽을 허물고 서로의 장점을 흡수해 전파라는 레거시와 뉴미디어의 노하우를 합쳐 보자! 우리는 친구들이 필요로 할 때 눈에 띌 수 있도록 일단 매일같이 꾸준히 존재해 보기로 했다. 매일 뉴스를 쉬운 말로 챙겨 주고 뉴스 근육을 함께 다지고 싶었다. 가장 오래된 미디어와 뉴미디어의 만남은 이런 야심 찬 목적으로 이루어졌지만 1년 만에 막을 내렸다. 주 4일 라이브를 했지만 실시간으로 함께하는 독자는 많아야 100명 남짓. 수치와 의미를 항상 동시에 추구했던 나는 이런 결과가 처음이라 한참 쓰라렸다.

냉정하게 『오뜨밀』은 옳은 말을 재미없게 하는 콘텐츠였다. 적절한 젊은 스피커를 찾지 못해 제작진이 직접 연출에 출연까지 자처했지만 역부족임을 매 순간 알았다. 출연자에게 제작진은 보완점을 제안해야 하는데, 그 부족한 출연자가 나라는 점이 『오뜨밀』을 하면서 가장 우울한 점이었다.

그러나 절망만 한 것은 아니다. 우리는 1년 동안 매일같이 찾아 준 구독자들이 건네는 신뢰의 언어를 꾸준히 접했다. 사람의 힘이 신기했다. 실제로 만난 적은 없지만 옹기종기 모여서 오늘 하루 있었던 뉴스를 나누고 나면 이상하게 온기가 돌았다. 그것은 100만, 200만 조회수를 올리며 수많은 댓글을 받을 때와는 완전히 다른 힘이다. 라디오는 정말 희한한 매체다. 구독자들에게 개편 일주일을 남기고 이별을 고했더니 조용히 듣기만 했던 구독자들이 나타났다. "제가 챙겨 보는 뉴스는 이거 하나였어요" "매일 밤 『오뜨밀』 듣는 게 제 루틴이었어요" "맨날 친구들한테 주절주절 '이런 일이 있었대!' 하면 친구들이 '『오뜨밀』에서 봤어?' 하고 물어보는 패턴이 생겼다고요" "매일 먹는 영양제처럼 챙겨 봤어요" 등등.

챙김, 루틴, 패턴, 영양제. 사실 전부 우리 기획안에 들어갔던 표현이었다. 죽은 줄 알았던 단어들을 끄트머리에 와서 마주하니 뭉클하면서도 복잡한 마음이 들었다. 선물이며, 케이크며, 인형이며, 팬아트도 왔다. 어떤 독자는 폐지 얘기를 듣고 하루 종일 일이 손에 잡히지 않아서 마음을 달래고자 간식을 보냈다고 했다. 함께 받은 손 편지의 일부를 옮겨 본다.

매일 밤 『오뜨밀』을 들으며 하루를 마감했던 애청자입니다. 갑작스럽게 『오뜨밀』이 막을 내린다는 말을 들으니 매일 만나던 절친한 친구를 떠나보내는 것처럼 슬프고 속상하더라고요. 어느 순간부터 반복되는 쇠퇴와 소화할 수 없는 부조리함으로 뉴스에서 눈을 돌리고 외면

하던 저에게 씨리얼을 통해 만난 『오뜨밀』은 잊고 있던 세상과 다시 끈을 이어 준 친구였습니다. 아직은 상실감 때문에 또 다른 프로그램을 접하고 싶지 않지만, 눈을 돌리지 말자는 『오뜨밀』의 말을 기억하고 머물러 보겠습니다. 고마웠어요. 우리 또 만나요!

그리고 다시 1년 뒤인 지금, 씨리얼에 『오뜨밀』을 함께 기획했던 조석영 PD가 본격 합류했다. 『오뜨밀』의 경우 내가 라디오 문법을 어설프게나마 배우는 시간이었다면, 이번에는 그가 영상 문법을 배워 보겠다는 일념 하나로 들어왔다. 사실 기성 언론사는 국 간의 장벽이 꽤나 높다. 누군가의 연락처가 필요할 때, 사내 다른 국에 알 만한 사람이 있어도 차라리 타사 동료에게 도움받길 선택한다는 우스갯소리도 있다. 그럼에도 그가 합류하기로 마음먹은 이유는 세상에 도움되는 내용을 더 유효한 방식으로 전달하고 싶은 마음 때문이었을 것이다. 구독자에게 뉴스 근육을 만들어 주겠다던 제작진이 오히려 구독자의 챙김을 받고 근육을 얻었다. 우리의 시도는 이제 다시 시작일 터였다.

*

끝으로 내가 뉴스 보는 얘기도 덧붙여야겠다. 많은 시행착오 끝에 정착한 방법은 크게 두 가지다.

첫 번째 방법은 이메일이다. 뉴스레터를 받는 이메일 계정을 따로 뒀다. 한때 뉴스레터 서비스가 소소한 붐이었다가 지금은 살짝 식었는데, 그래도 여전히 유효한 방법이라고 본다. 각 언론사마다 전문 편집자가 자신 있게 내보일 수 있는 뉴스를 엄선해서 보내 주기 때문이다. 좋은 정보를 많이 받아 보고 싶은 욕구에 한때는 알림이 항상 9999+에서 방치되곤 했지만 지금은 손이 가는 뉴스레터만 남기고 전부 정리했다. 이 방법의 가장 큰 장점은 이메일 앱 푸시 알림을 설정해 두면 마치 친구가 카카오톡으로 정보를 쏴 주듯 양질의 정보가 폰으로 들어온다는 것이다. 이메일 개수를 줄이고 알림이 왔을 때 메신저를 열어 보듯 확인하면 크게 부담이 가지 않는다.

다만 내가 이메일로 받는 뉴스레터는 주로 외신이다. 한국 뉴스는 사이트에 직접 들어가 읽는 것을 더 선호한다. 볼 것은 많은데 항상 다 챙겨 보지는 못하기 때문이다. 한국 뉴스레터까지 전부 받다가는 기후 위기의 주범만 될 것 같아서[27] '받아 보기'보다는 '찾아 가기'로 했다. 그래서 고안한 방법이 뉴스 보는 브라우저 역시 따로 쓰는 것이다. 나는 평소 웹 서핑을 할 때는 구글 크롬을 쓰지만 뉴스를 훑을 때는 애플 사파리를 쓴다. 내 사파리 북마크에는 주요 언론사와 그 외 신뢰하는 몇몇 중소, 지역 언론사의 메인 사이트가 들어가 있다.『김현정의 뉴스쇼』같은 아침 라디오도 인터뷰는 전문을 기사로 송고하기 때문에 북마크해 두고 출근할 때 듣지 못한 경우 한 번씩 체크한다. 무엇보다 종합 언론사마다 양질의 연재 코너가 많다. 내 취향의 연재 코너 역시 따로 북마크해 두었다. 가령 SBS의 경우 시의적절하게 양질의 팩트 체크를 제공하는 「사실은」 코너, 데이터 저널리즘을 구사하는 「마부작침」 같은 것이 있다. 글로벌 경제 뉴스의 핵심과 맥락을 전달하는『동아일보』의 「딥다이브」도 재밌다.

  뉴스가 아닌 지식은 책에서 얻는 편이다. 다독가와

---

[27] 이메일 한 통을 보낼 때 약 4그램의 온실가스가 배출된다고 한다. 데이터 보관을 위해 서버가 가동되기 때문이다. 그래서 한때 '디지털 탄소 다이어트'가 화제가 되기도 했다.

는 거리가 멀다. 책 한 장을 넘기는 데 남들보다 어찌나 오래 걸리는지. 글을 읽기보다 고개 들고 하늘을 올려다보며 곱씹는 시간이 더 많다. 그래도 그렇게 한 권을 완독하고 나면 남는 것이 많다.

24 원고라는 공유지

 우리 팀에서는 모르는 게 권력이다. 보통 보도 제작물은 가장 잘 아는 자한테 컨펌을 받는다. 씨리얼은 가장 모르는 자한테 컨펌을 받는다. 이 특징은 특히 정치 콘텐츠를 만들 때 두드러진다. "조국혁신당 성비위 문제 터진 거 알고 있어요?" "들어는 봤어요. 근데 관심은 안 가요." "민주당이 왜 저렇게 검찰 개혁에 집착하는지 혹시 궁금한가요?" "오, 그건 좀 궁금해요." '정잘알'은 언제나 조심스럽고 '정알못'은 언제나 자신감이 넘친다. "죄송한데요, 선배…… 하나도 이해가 안 돼요." 정말이지 들을 때마다 괴로운 피드백이지만,

이것이 우리의 나침반이다.

씨리얼이 2025년부터 선보인 『뉴스 지나갑니다』는 이런 문화를 극대화한 기획이다. 진행과 구성을 맡은 윤지나 기자는 우리 팀이 속한 보도국 디지털뉴스제작센터 센터장이다. 취재력에 매력적인 화법까지 갖춘 선배는 항상 함께 일해 보고 싶은 사람이었다. 선배가 늘 법조팀[28]이나 국회팀 같은 격무 부서를 돌며 바쁘게 일하는 탓에 협업은 요원해 보였지만, 나는 틈만 나면 "윤지나와 일해 보고 싶어요" 노래를 불렀다. 그러다 선배가 우리 센터장으로 깜짝 발령이 났다. 이는 선배가 씨리얼이란 '미운 오리 새끼'를 본격적으로 보살펴야 하는 책임을 맡게 되었다는 뜻이었다. 그렇게 염원했던 기획이 급물살을 탔다.

『뉴스 지나갑니다』 원고는 이런 방식으로 만들어진다. PD들이 기본 뼈대와 핵심 질문 제공→지나 선배가 초고 작성→PD들이 다시 정치 저관여층의 관점과 영상적 관점에서 수정 요청→선배가 이를 반영해 최종 원고 완성. 모든 과정은 구글독스 같은 공유 문서 툴에서 이루어진다. 원고가 일종의 공유지인 셈이다.

[28] 법원, 검찰 등 사법기관을 취재하는 팀.

덕분에 원고에는 서로가 아니라면 구현할 수 없는 장점이 곳곳에 녹아 있다. 권영국 대선후보를 소개할 때, "사회부 기자인데 권영국 번호 없으면 일 제대로 안 한다고 봐도 될 정도"라는 멘트로 단칼에 권영국을 설명해 내는 건 선배만이 가능하다. 한편 기자들이 진보정당을 외면해 온 현실에 대한 고백으로 서두를 가자고 제안하는 것은 씨리얼이기에 가능하다. 19년 차 기자의 필력과 10년 차 채널의 기획력, 즉 서로의 노련미가 어우러진다. 검찰 개혁을 다룰 땐 이런 방식도 가능하다. "선배, 사람들은 검찰이란 조직이 행정부 법무부 소속이라는 것도 잘 모르더라고요. 그 부분을 강조하면 어떨까요?" 그럼 다음과 같은 흥미로운 내용이 추가된다.

검찰이 얼마나 그 자체로 존재감이 강한지,
검찰도 법원처럼 하나의 독립된 조직으로 아시는 분도 많더라고요?
검찰은 법무부 소속 '외청'입니다. 행정부 소속 외청. 경찰청, 국세청과 비슷한 거예요.
그래서 검찰 조직 싫어하시는 공무원들이랑 얘기하면

"어디 외청 소속 공무원인 주제에!" 이러면서 욕을 합니다.

—「드디어 검찰청 없애버린 민주당, 이제 끝난 걸까?」,
『뉴스 지나갑니다』(2025)

한국 정치 콘텐츠 지형은 고관여층 중심으로 지나치게 기울어져 있다. 2016년 정치 이슈를 쉽게 다루면서 성장한 씨리얼은 이후에도 꾸준히 저관여층을 타깃으로 한 정치 콘텐츠를 시도해 왔다. 2016년 10월 이른바 '최순실 태블릿'이 세상에 드러났을 때 나는 미소지니(여성혐오)가 뭔지 설명하는 콘텐츠를 만들고 있었다. 페미니즘 공부에 빠져 있다가 고개를 들어 보니 세상이 발칵 뒤집혀 있었다. 당시 기자들은 시시각각 드러나는 새로운 사실을 보도하느라 정신이 없었다. 당연히 사람들이 뉴스를 따라가고 있다는 전제하에. 이 넓은 보도국에서 '비선 실세'를 모르는 사람은 아무래도 나뿐인 것 같았다. 조금 부끄러웠지만 다음 아이템으로 저관여층 눈높이에 맞춰 비선 실세가 무엇인지 다뤄 보겠노라 말했다. 당시 팀장은 약긴 의아한 표정으로 그러라 했다.

만드는 데 이틀 걸렸나? 늦은 만큼 대충 만들었는데, 그것이 소위 대박이 났다. '갑자기 무슨 일이 벌어진 거야? 비선 실세가 뭐야? 사자성어야?' 이런 사람이 나 말고도 많았던 것이다. 학업이나 생계로 바빠서, 정치가 어렵거나 재미없어서 뉴스와 거리를 두고 살던 이들이었다. 연이어 최순실이 누군지, 정유라가 누군지, 그래서 박근혜의 죄는 뭔지 공부하는 족족 만들었고, 족족 더 크게 터졌다. 불과 한 달 새 모인 수많은 구독자 덕에 씨리얼 채널은 사내에 무사히 안착할 수 있었다.

 문제는 이후였다. 사실 팀 안에서 정치 콘텐츠를 자발적으로 만들겠다는 PD는 거의 없었다. 사회적 약자 이슈에 관심이 많은 청년들도 사회문제를 실제로 풀어 가야 할 정치 영역에는 무관심한 경우가 대부분이었고, 우리 팀도 예외는 아니었다. 박근혜 정부 비판까지는 사실 쉬웠다. 정치하라고 뽑아 줬더니 정치를 아예 내팽개친 인물이었기 때문이다. 그러나 소위 '진보' 정권이 집권하면서 정치 이야기를 하기가 상당히 까다로워졌다. 세상을 진보하게 만드는 줄 알았던 인사들이 뒤에서는 권력형 성폭력을 일삼았다는 사실이 줄줄이 밝혀졌다. 자녀 입시 비리에 적극 가담했다는 사실, 부동산투기 근절을 외쳐 놓고 뒤로는 시세차익을 누린 사실도 드러났다. 많은 민주당 지지자가 대법원 판결마저 부정하며 범죄자를 옹호했다. 청년들은 모순으로 가득한 정치판에 환멸을 느끼며 무관심으로 돌아섰다.

처음엔 상황을 제대로 인식하기도 힘들었다. 겨우 인지하고 나니 해석이 힘겨웠다. 우리와 비슷하게 시작한 뉴미디어들은 점점 정치를 안 다루거나, 다루더라도 사실관계만 건조하게 언급했다. 정치에 딱 떨어지는 정답이 있는 것은 아니니 무언가를 해석하고 주장하기가 조심스러웠다. 그렇다고 건조하게만 다루기에는 문제투성이라고 생각했다. '삐딱하게 정치를 얘기하기'를 포기하고 싶지 않았다. 정치가 보통의 삶과 괴리가 큰 게 문제라고 봤기 때문이다.

결국 자신 없는 상태로 명맥만 이어 갔다. 연동형 비례대표제가 뭔데? 패스트트랙은 왜 하는 건데? 보수와 진보의 차이가 뭔데? 정치 콘텐츠는 가장 힘들면서 만들고 나면 찜찜함만 남았다. 업로드를 끝내면 홀가분하기보다 해로운 콘텐츠를 세상에 내보낸 것 같아 우울했다. 세상에 필요한 정치 콘텐츠는 균형감 있고도 날카로운 콘텐츠인데, 그건 능력 밖의 일이었다. 19년 차 베테랑은 가능했다.

'맨 앞에서 계몽된 척은 다 하더니 다를 게 없네? 그게 더 나빠!'
이게 민주 진영 성폭력 사건에 대한 비판 포인트잖아요.
18세기에 루소, 볼테르, 몽테스키외, 이런 사상가들이 당시 얼마나 선진적인, 그럴듯한 멋진 아저씨들이었겠어요.
그런데 이 아저씨들도 여성은 가정에 국한돼야 한다고 했어요.
당시 여성운동가들이 우리도 함께 싸울 테니 참정권 인정 노력 함께해 줘,
이러면서 왕정 붕괴 위해 죽창 들고 맨 앞에 서고 그랬거든요?
하지만 참정권은커녕 총알받이로 끝났습니다.
그러고 보니 강 전 대변인도 영입 당시에는 막 띄워 주고 떠들썩했었네요.
이런 배반의 역사는 여성사에 익숙한 일입니다.

―「조국혁신당 성비위 파문, 앞으로 지켜봐야 할 포인트」,
『뉴스 지나갑니다』(2025)

    PD들과 인턴들은 『뉴스 지나갑니다』를 덕질하는 마음으로 만든다. 언론이 정치인을 덕질할 수는 없으니(불행히도 세상엔 정치 팬덤을 자처하는 '유사 언론'이 너무 많다) 대신 우리는 관점 있는 기자를 덕질하기로 했다. 덕질하는 마음이면 못 만들 콘텐츠가 없다. 선배한테 어울리는 조명과 배경을 준비하고 멘트가 잘 살아나도록 정성스럽게 자막 양념을 친다. 덕분에 2030 친구들, 4050 정치 고관여층 양쪽에게서 "재미있게 보고 있다"는 피드백을 받는다. 4050으로 보이는 사람들이 쓴 댓글이 많은데, 실제 시청자 연령 분포를 보면 2030이 더 많다. 조용히 보고 있다는 소리다. 모르는 자의 눈높이를 잃지 않으면서도 깊이 있는 분석을 담아낼 수 있음을 증명한 셈이다. 남성 중심의 정치 콘텐츠 시형에서 여성 시청자의 관심을 끌어낸 것도 의미가 크다. 정치 콘텐츠는 어떻게 만들어도 남성 시청자 비중이 월등히 높았는데, 『뉴스 지나갑니다』는 조금 다르다. 중년 남성 얼굴이 대부분인 정치 콘텐츠 세계에서 묵묵히 일하던 여성들이 전면에 드러난 희소한 시리즈이기 때문에 가능한 결과라고 생각한다.

이쯤에서 씨리얼 시점이 아닌 윤지나 시점을 소개해 보겠다.

이렇게 시선을 드러내며 화자를 노출하는 작업은 19년 차 기자인 나에게 매우 매우 매우 부담되는 일이었다. '기자수첩' 같은 칼럼이 아닌 이상, 기자는 초년병부터 기사를 쓸 때마다 필자를 지우고 객관성을 담보해야 한다는 원칙을 주문처럼 외우고 다녔으니까.
그럼에도 씨리얼이 10년에 걸쳐 버틴 시간 속에서 확인한 것 중 하나는, 옳은 자세를 가지고 솔직하게 드러낸 시선에 대한 믿음이었다. 정보의 나열이 아니라 어떤 지향 혹은 통찰로 꿰어 낸 정보는, 사람들이 이해하고 매력을 느끼기에 훨씬 유용하다는 사실 말이다. 이 부분에 대한 확신이 있었던 긴 씨리얼력™의 팀원들은 원고 쓰기를 주저하며 두려워하는 나를, 선배고 자시고 내 알 바 아니라며 채찍질하기도 했다.

― 윤지나, 「다정했기 때문에 살아남은 이야기-CBS 유튜브 채널 '씨리얼'」, 『W방송작가』(2025. 9.)

거침없는 줄만 알았던 19년 차 기자도 주저함이 있다는 것을 이 글을 읽으며 새삼 깨달았다. 선배와 우린 서로에게 없는 확신을 부여하며 나아가는 동반자였던 셈이다. 이런 측면에서 『뉴스 지나갑니다』는 내게 단순히 하나의 코너가 순항하고 있다는 의미를 넘어선다. 글에서 엿볼 수 있듯, 이 모든 결실은 기자와 PD의 '제대로 된' 협업으로 얻어 냈다. 10년 전 언론사들이 뉴미디어 서브 브랜드를 우후죽순으로 만들 때 기자와 PD 사이 협업 갈등은 어디서든 화두였다. 영상문법을 모르지만 고연차인 기자들은 언제나 선배 아니면 팀장이고, 기획의 권한을 놓지 않았다. 반면 뉴미디어 PD들은 십중팔구 저연차에 비정규직이었다. 애초부터 평등한 협업이 불가능한 구조였다. 우여곡절 끝에 정규직이 된 이후 나는 이에 관한 문제의식을 뒤늦게나마 공개적으로 정리해야겠다는 생각에 글 한 편을 기고했다. 일부를 여기에 옮겨 본다.

미국의 뉴미디어를 선도했던 매체 Vox의 아트디렉터 Dion Lee가 한국에 왔을 때 나눈 말이 있다. 그가 처음 취직했을 당시 Vox에는 10명 남짓한 인원이 있었다. 애니메이터, 저널리스트 할 것 없이 모두가 글도 쓰고 연구도 하고 실제 제작도 했다고 한다. 그들에게는 'Vox 다운' 최선의 작업물을 위해 서로를 이해하는 게 먼저였다. 나는 이 팀의 멤버들이 모두 동등한 자격으로 한배에 탔기 때문에 이런 상황이 가능하다고 생각했다.
―신혜림, 「뉴미디어에는 스스로 선 넘는 놈이 필요하다」, 『미디어오늘』(2020.11.26.)

우리가 '원고'라는 공유지를 부담 없이 넘나들 수 있는 이유는 선배가 그만큼 후배의 영역을 존중해 주기 때문이다. 물론 선배가 '긴 씨리얼력'이라 표현했듯, 우리도 존중받기 위해서 성장할 시간이 필요했고 실제로 성장했다. 수년에 걸쳐 터득한 정치 콘텐츠의 열쇠는 이것이다. 협업은 필수이고, 서로의 장점을 인정하고 존중하고 응원할 때라야 양질의 협업이 가능하다는 것. 아마 다른 회사들도 비슷한 시행착오를 겪고 있지 않을까. '기자와 PD의 협업'은 이제부터가 시작이다.

25 본질을 가운데 놓기

　애니메이션 영화『스즈메의 문단속』은 폐허에 관한 이야기다. 주인공 스즈메가 재난을 막기 위해 일본 방방곡곡의 폐허를 찾아다니며 재앙의 근원이 되는 '뒷문'을 닫는 여정을 그린다.『너의 이름은』『날씨의 아이』로 시작된 신카이 마코토의 재난 3부작을 마무리하는 이 영화는 2011년 동일본대지진을 간접적으로 묘사하며 재난의 상흔을 치유하는 과정을 은유적으로 담아낸다. 신카이 마코토는 "이야기는 사람들에게 전해져 오면서 과거에 일어난 일을 오래도록 잊지 않게 하는 역할을 한다"고 말했다.

폐허라는 단어를 보면 생각나는 칼럼이 있다. 김영민 교수가 쓴 「폐허를 본다는 것은」이다. 글은 이렇게 시작한다. "공권력은 폐허를 감춘다. 폭력과 재난이 발생한 곳의 삶은 폐허일 수밖에 없지만, 공권력의 화장술은 폐허의 사금파리들을 시야에서 흔적도 없이 치워 버린다. 공권력이 폐허를 가리고 덮어 사람들의 망각을 부추길 때, 예술가들은 사람들에게 폐허를 애써 상기시킨다."[29] 『스즈메의 문단속』도, 칼럼에서 예시로 언급한 성수대교 붕괴를 다룬 영화 『벌새』도 공권력의 ㄱ 자도 꺼내지 않았지만 알 사람은 다 안다. 그렇게 안전하다고 여겨졌던 후쿠시마 원자력발전소가, 성수대교가 얼마나 허망하게 무너지며 얼마나 많은 사람의 인생을 끔찍한 결말로 이끌었는지. 무너진 건 발전소나 다리만이 아니었다. 많은 사람의 '세계'가 무너졌다. 스즈메가 재난으로 엄마를 잃은 뒤 검은 크레파스로 고통의 기억을 꽁꽁 봉인해 뒀던 것처럼 사람들은 마음속 폐허를 갖고 산다.

기획하는 법은 간단하다. 단순해지는 것이다. 다른

---

[29] 「폐허를 본다는 것은[김영민의 본다는 것은]」, 『동아일보』(2019. 9. 30.)

건 잠시 치워 두고 본질이 무엇인지 찾아 중심에 놓는 것이다. 연필의 본질은 잘 쓰이는 것이다. 카페의 본질은 편안한 공간에서 맛있는 커피를 제공하는 것이다. 씨리얼의 본질은 현실을 제대로 보는 것이다. 영화와 달리 뉴스는, 삶은 계속 이어진다. 그러니 우리는 폐허에 대해 말할 때 폐허의 근원에 대해서, 책임지지 않았고 재난 이후에도 책임지지 않으려 하는 권력에 대해서 말해야 한다.

*

2020년, 간호사들한테서 연락이 왔다. 간호사 처우 개선을 위한 목소리를 담아 달라는 제작 요청이었다. 그해 사람들은 간호사들을 '코로나 영웅'이라 치켜세우며 고마워했다. 당시 한국은 대구 신천지교회를 중심으로 코로나19 대규모 집단감염이 발생하며 한때 중국 다음으로 확진자가 많이 나오기도 했지만, 초반 위기를 잘 극복했다. 그 결과 'K-방역'이라는 이름으로 세계의 모범이 되기도 했다. 원활한 방역 이면에는 간호사를 비롯한 의료 노동자의 희생이 있었다. 확진자가 하루 수백 명씩 늘어나며 전국 간호사들이 대구로 파견되었다. 대구 간호사들과 파견 간호사들은 땀으로 무거워진 방호복을 입고 잠도 못 자며 한 명당 환자 50~60명씩을 돌봤다. 그야말로 '몸빵'으로 코로나를 막은 것이다. 연락이 온 건 그 이후, 여름의 일이었다.

> 영웅이라고 일컬어 주시는 의료진도 다 사람입니다. 더 이상 이 사람들이 소모되는 방식으로 끝나지 않게 해야 한다는 것이 저희의 생각입니다.
> —섭외 요청 메일 중

씨리얼은 그때까지 간호사 문제를 다룬 적이 없었다. 2018년 故 박선욱 간호사가 서울아산병원에서 입사 6개월 만에 업무 스트레스와 괴롭힘을 호소하는 유서를 남기고 스스로 목숨을 끊었다. 이후 많은 미디어가 간호사의 열악한 처우를 조명했다. 처음에는 '태움'으로 대표되는 간호계의 수직적 권위적 문화가 원인으로 지목됐다. "여자끼리 모여서 문제"라는 혐오 발언도 쏟아져 나왔다. 하지만 태움은 결과이지 원인이 아니었다. 임상간호사 개개인이 감당해야 하는 업무량은 상상 이상이었다. 구조가 개선되지 않으니 서로를 할퀴는 문화만 악화되었다. 문제는 명확했다. 간호사 한 명당 감당해야 하는 환자 수가 너무 많았다. 많은 미디어가 이를 지적했고, 간호사의 열악한 처우를 다루는 보도는 대중의 주목도 또한 높았다. 그런데 왜 달라지는 게 없을까? 간호사들은 왜 같은 말을 반복하고 있을까? 상황을 꿈쩍 않게 만드는 본질이 뭘까? 이 궁금증 하나를 파고들기로 했다.

김동은 대구 계명대 동산병원 이비인후과 교수에게서 답을 찾을 수 있었다. 그는 코로나19 확산 당시 의사가 아닌 간호사로 자원해 간호사들을 뒤에서 도운 인물이었다.

"병원이라 하면 국립의료원이 가장 중심에 서고 나머지 민간병원이 옆에서 도와주는 구조가 돼야 하는데 우리는 참 특이하게…… 맨 처음엔 재벌 병원들을 허용해주지 않았거든요. 하지만 자본의 끝도 없는 요구가 있어서."

―「K-방역이 필패할 수밖에 없는

한국 의료계의 진짜 현실」(2020)

한국은 다른 나라와 달리 공공의료 비중이 현저히 낮다. OECD의 많은 국가가 50~70퍼센트의 병상을 공공 병상으로 운영한다. 우리나라는 10퍼센트에 불과하다. 아산(현대)이나 삼성 같은 재벌 기업 혹은 세브란스, 성모 같은 대형 사립 의료 재단이 소위 '빅5'라는 이름으로 한국 보건의료의 중심을 이룬다. 이들은 수익성과 효율성을 최우선하는 기업적 운영 방식을 병원에 적용한다. "의사들은 진료해서 수입을 얻어 오지만, 간호사들이 직접적으로 돈을 벌어 오는 건 아니니까요." 당시 서울 신촌세브란스병원 중환자실 간호사이자 대구에 자원해 파견을 다녀왔던 김수련의 말이다. 이것이 간호사 한 명이 담당해야 하는 환자 수가 선진국에 비해 월등히 많은 '진짜' 이유다. 의료시설 대부분을 차지하는 민간병원은 위급 상황에서 병실을 내줄 의무도 없다. 간호사 인력 확충을 강제할 근거도 빈약하다.

의사처럼 환자의 안전을 담당한하고, 오히려 더욱 곁에서 보살피는 간호사의 처우는 이러한 이유로 개선되지 않고 있었다. 다만 김수련 간호사는 김동은 교수의 '공공의료 강화' 의견에 이렇게 덧붙인다. 궁극적으로 공공의료가 강화되어야 하는 것은 맞지만, 지금의 공공병원 간호사 처우가 끔찍하다는 것도 함께 이야기해야 한다고. 오갈 데 없는 이들을 받아 주는 건 공공의료원뿐인데, 현 국립중앙의료원은 1980년대 수준의 노후된 건물과 장비로 버티고 있는 실정이다. 공공의료를 여야 할 것 없이 외면해 왔기 때문이다. 그럴수록 환자들은 대형 병원으로 몰리고 공공병원은 더욱 위축되는 악순환이 계속된다. 자본에서 비롯된 왜곡된 의료 구조. 그것이 간호사 처우가 해결되지 않는 문제의 본질이었다.

작가 존 버거는 『다른 방식으로 보기』(열화당, 2012)에서 단순히 시선을 두는 것looking과 이해하며 보는 것seeing을 구분한다. 씨리얼이란 이름에 맞게 이해하기 위해 현실을 들여다본다. 사람들이 왜 우울할까? 왜 방에서 나오지 않을까? 왜 아이를 낳지 않을까? 십중팔구 문제는 구조에 있다. 일을 너무 많이 시키는 것, 좋은 일자리가 급속도로 사라지는 것, 사람들이 많이 쓰고 버리도록 설계된 것, 돈이 다른 모든 가치를 압도하는 것, 이런 악순환을 정치가 외면하는 것.

많은 기획서가 문제의 본질에 접근해야 한다고 말한다. 세상에 대해 끊임없이 본질적인 질문을 던져야 한다고 말한다. 단지 우리가 주로 다루는 사회문제에만 한정하지 않더라도, 나는 무언가의 본질을 궁금해하다 보면 많은 경우 정치에 닿곤 했다. 본질을 이야기하는데 정치에 닿지 않는 게 오히려 이상했다. 나는 이 지점에서 과감한 기획자가 해내야 하는 일이 있다고 생각한다. 공권력의 ㄱ 자를 꺼내는 일. 정치의 ㅈ 자를 꺼내는 일. 유능한 기획자는 보편적 감정과 욕망을 자극할 줄 안다. 우리한테 부자가 되고 싶은 욕망, 뭔가를 소유하고 싶은 욕망만 있는 건 아니다. 외롭지 않고 싶은 욕망, 주변을 잘 돌보며 살고 싶은 욕망도 있다. 하지만 요즘 기발한 기획은 100이면 99가 '정치 묻히기'가 금기인 자본의 영역에 포진해 있다. 그래서 보통은 이러한 욕망을 발견하더라도 자극하는 데서 끝난다.

우린 그 욕망을 언제까지고 대리 해소만 하며 살 수는 없다. 『스즈메의 문단속』에서 폐허가 된 과거의 나를 어루만지는 건 결국 주변 사람들을 씩씩하게 사랑하는 미래의 나였다. 나는 그 설정이 썩 마음에 들었다. '오카에리(다녀올게)'가 '다녀왔어'로 귀결될 수 있는 더없이 평범하고 소중한 일상. 모두가 그렇게 일하다 죽지 않고 돌아올 수 있도록 세상 일에 조금만 더 관심 갖는 것. 어쩌면 그것만이 우리를 폐허에서 꺼내줄 수 있을지 모른다.

26   요약이라는 양날의 검

 요약이란 방식은 납작하다. 복잡한 것을 단순하게, 긴 것을 짧게, 많은 것을 적게 만드는 작업이다. 그 과정에서 맥락은 사라지고 시간의 무게는 가벼워진다. 요약의 역할은 어디까지나 모든 것을 대신해 보여 주는 게 아니라 더 많은 것을 보고 싶게 만드는 것이다. 아무것도 모르는 것과 불완전하게나마 아는 것 사이엔 분명한 차이가 있기에, 나는 요약을 계속 시도한다. 그런 내게 어떤 연락이 왔다.

 "혜림. 씨리얼도 같이 취재해 보면 참 좋을 거 같은데. 어때?" 선배는 이렇게 불쑥 취재 종용(?)을 했다. 본

업만큼이나 작가로도 잘 알려진 정혜윤 선배는 '마술적 저널리즘을 꿈꾸는 라디오 PD'로 자주 소개되는데, 실제로 말을 약간 마술처럼 한다. 선배가 애정을 가진 사람, 사건, 사물에 대해 5분만 이야기를 들어도 어느새 그보다 의미 있는 것은 없어 보인다. 하물며 이런 사람이 제안하는 아이템은 어떻겠는가. 결국 만사를 제쳐 두고 하게 된다. 그렇게 어느날 갑자기, 김진숙이라는 사람의 인생을 요약해야 하는 미션이 떨어졌다.

물론 선배가 내게 "김진숙이란 사람을 요약해 줘"라고 말한 건 아니다. 짐작하건대 선배는 'n분 안에 ○○ 정리'란 방식을 질색할 것 같다. 그러나 요약을 시도한 이유는, 나 같은 사람이 너무나 많기 때문이다. 내게 김진숙이라는 인물은, 음…… 크레인, 희망버스, 존경받는 사람? 그런데 왜 존경받는지 자세히 모르는 사람이었다.

1986년, 26세 여성이 대공분실에 세 번을 끌려가 고문을 당했다. 죄명은 '노조 활동'. 최초의 여성 용접공 김진숙은 그 길로 회사에서 쫓겨났고, 한신중공업 해고 노동자이자 대한민국 최장기 해고 노동자가 되었다. 그는 줄곧 자신보다 다른 사람을 위해 싸워 왔고 우리나라 시위 현장 어디에나 있었다. 수많은 사람이 존경을 담아 '김 지도'라 불렀다. 그 김 지도가 2020년 12월 30일, 암 투병 중인 몸으로 부산에서 청와대까지 도보 행진을 시작했다. 처음으로 자신의 복직과 명예 회복을 위해 움직인 것이다. 청와대 분수 광장에서는 그의 복직을 요구하는 단식 농성이 벌어지고 있었다. 어떤 날은 체감온도가 영하 20도에 달할 정도로 혹독한 겨울이었다. 청와대는 보안 구역이라는 이유로 텐트도 난로도 반입하지 못하게 했다. 단식하는 사람 중엔 김진숙 지도를 만나 본 적 없는 사람도 있었다. 본 적도 없는 사람의 복직을 위해 이 추운 날 거리에서 단식을 한다고? 알아볼수록 삶을 이해하기가 힘들었다.

과거 2011년 김진숙 지도가 한진중공업의 정리해고에 반대하며 부산 영도조선소의 85호 크레인[30]에 올

> 30 85호 크레인은 그의 동지였던 김주익이 2003년 똑같이 고공농성을 벌이다 목숨을 끊은 곳이다. 김진숙은 당시 한 평도 되지 않는 35미터 높이의 크레인에서 309일 동안 농성을 벌이며 한국 노동자의 상징이 되었다. 96년 만의 강추위가 온 날에도 홀로 버텼다. 김진숙의 외로운 싸움에 힘을 보태기 위해 등장한 희망버스는 5차까지 이어졌다. 많게는 한번에 만 명의 사람들이 전국에서 크레인을 찾아 모여들었다. 결국 뒤늦게 정치권이 움직였고, 한진중공업이 정리해고를 철회하며 김진숙은 땅으로 내려왔다.

라갔을 때 나는 낮엔 종일 아르바이트를 하고 저녁엔 신나게 술이나 먹던 스물둘이었다. 전국에서 희망버스가 움직이고 있다는 건 알았는데, 이유는 몰랐다. 내 또래의 우리 채널 구독자들도 나와 비슷한 수준일 거라 짐작했다. 일단 파편화된 상태로 김진숙이라는 인물을 알아보고 그의 저서 『소금꽃나무』는 가장 마지막에 읽기로 했다. 텍스트를, 사진과 영상을 더듬더듬 검색해 갔다. 어려웠다. 다들 너무 잘 알고 있는 상태로 기사를 쓰거나(진보 언론), 아예 쓰지 않았기 때문이다(보수 언론).

그러나 이것은 실패의 에피소드다. 나는 결국 게으른 방식을 택했다. 김진숙 지도가 도보 행진을 하던 중 잠시 국회 토론회에 참석해 자신이 걸어온 인생에 대하여 원고 한 줄 없이 토해 내는 연설을 나는 현장에서 넋을 놓고 들었다. 그때까지 이 자료 저 자료 짜깁기해서 만들어 둔 것이 다 부질없어 보였다. 이보다 나은 요약을 할 자신이 없었다. 늦은 밤까지 머리를 싸매다 저녁 생방을 마친 동기 언니를 호출했다. "언니, 잘 모르는 사람이 자기 인생을 말하는 장면이 5분 넘게 지속되면 아무도 안 보겠지?" "답정너 같은

데……"

디지털콘텐츠는 인트로에 생존이 걸려 있다. 클릭한 시청자는 10초 안에 이 영상을 볼지 말지를 판단하고, 냉혹한 알고리즘이 시청 지속률에 따라 영상 확산 여부를 결정하기 때문이다. 그럼에도 난 결국 별도의 인트로도 없고 요약치고는 너무 긴 18분짜리 영상을 내보냈다. 콘텐츠는 많은 사람에게 가닿아야 의미가 있다는 평소 생각을 저버린 셈이다. 조회수는 예상대로 잘 나오지 않았다. 김진숙을 아는 이들에게는 회자되었으나, 김진숙을 몰랐던 사람들이 알게 되는 영상이면 좋겠다는 괄호의 기획의도는 말 그대로 괄호로만 남았다.

이 글을 쓰는 지금도 나는 그의 인생을 제대로 전하는 데 자꾸만 실패하고 있고 여전히 답을 모르겠다. 왜 계속 실패하는지, 그런 인생에 대해서 어떻게 이야기해야 하는지.

36년간 쌓인 고통의 더께. 크레인 위에서 맞은 309번의 새벽. 그곳에서 시민들과 트위터로 나눈 무수한 대화들. 이 모든 것을 제외하고 압축한 결과물은 결코 그의 인생일 수 없다고 손과 머리가 거부했다. 김진숙의 삶을 마주하며 깨달은 것은, 어떤 인생은 결코 요약될 수 없다는 사실이었다. 대신 원고 한 줄 없이 자신의 인생을 전한 연설을 단 몇 명에게라도(정말 쓰고 싶지 않았던 표현이다) 전하고 싶다는 마음이 들었다.

'가장 설명하기 어려운 사람 김진숙을 가장 열심히 설명해 낸 기록물'이라는 누군가의 평은 그나마 위안이 되었다. 적은 사람에게나마 김진숙이라는 이름이 더 짙게 전해졌으니, 이 불완전한 시도에 그만한 의미를 둔다.『소금꽃나무』(후마니타스, 2007) 저자 소개에 이런 대목이 있다. 저자가 아닌 출판사가 썼다. "출판사 책상에 붙어 앉아 밤을 지새우기를 그야말로 밥 먹듯 했지만, 힘들다는 생각보다 마치 새로 연애를 시작하는 것처럼 설레고 긴장된 나날들이었다. 그의 글, 그와의 만남, 무엇보다 그의 매력을 발견하는 것은 즐거운 일이었으며, 지은이는 이 책뿐만 아니라 인간을 사랑할 수 있는 마음과 노동의 기쁨, 책 만드는 일의 보람을 우리에게 선물했다." 나는 짧게나마 이 마음을 경험했다. 조회수와 무관하게.

혹시 이 글을 읽고 김진숙이 궁금해졌다면,『소금꽃나무』를 한번 직접 읽어 보길 권한다. 그리고 2003년 동료 김주익을 잃고 낭독한 추도사와 2022년 2월, 마침내 37년 만에 복직하며 우리 모두에게 건넨 연설을 찾아 보길 권한다.

27 빚지고, 선택하고, 나아가기

2025년 3월 전 세계 SNS를 도배했던 챗GPT의 '지브리 스타일 열풍' 사태를 두고 지인들과 토론한 적이 있었다. 지브리 같은 고유한 스타일을 AI가 모방하는 것에 대해 어떤 문제의식을 가져야 하는지, 인간의 창작물도 기존 작품의 영향을 받는데 AI의 결과물과 어떻게 구분 지을 수 있는지. 토론에 앞서 나는 가만히 눈을 감고 평소 콘텐츠를 만드는 과정을 세세하게 떠올려 보았다. 생각해 보니 AI에 프롬프트를 입력하는 과정과 크게 다를 바 없있다. 나민 사용할 수 있는 '나'라는 AI에 프롬프트를 쓰고, 내가 이제까지 읽고 보았던 것을 토대로 결과를 산출하는 것이다. '왠지 호응받을 것 같아서' '이렇게 하면 예쁠 것 같아서' 같은 '느낌적인 느낌'도 뜯어보면 밑바탕에 사회통계나 특정 레퍼런스가 있기 마련이다.

그래서 토론 중에 "나는 내가 하는 일은 창작이 아니라고 생각한다"고 단언했다. 그러자 사람들이 창작을 너무 좁게 생각하는 거 아니냐고 지적했다. 물론 완전한 무에서 유를 창조하는 행위란 없다. "모든 텍스트는 어디까지나 다른 텍스트들의 모자이크"라고 했던 철학자 쥘리아 크리스테바의 견해처럼, 우리가 창작이라 부르는 것 자체가 이미 존재하는 패턴과 사례의 재조합이다. 촘촘한 모자이크를 그려 내는 사람과 하나의 작품을 콕 집어 모방하는 사람은 분명 완전히 다른 평가를 받아야 한다. 그러나 나는 그것은 타인이 판단해 줄 문제라고 봤다. 언론인인 경우 더욱 그렇다.

어릴 땐 나도 기자나 PD가 창작자인 줄 알았다. 창작의 사전적 정의를 살펴보니 "방안이나 물건 따위를 처음으로 만들어 냄"이라 쓰여 있다. 겪어 보니 콘텐츠, 특히나 뉴스 콘텐츠를 만드는 일의 실체는 처음으로 만들어 내기는커녕 언제나 빚지는 과정 이상도 이하도 아니었다. 누군가의 인생을 받아쓰고, 다른 이의 생각에 내 생각을 덧대고, 타인의 취재물을 발판 삼아 유사한 사례를 찾고, 이도 저도 안 되면 포맷을 달리해 보고…… 엔딩크레디트에 생략된 누군가의 희생과 노고를 생각하면 결과물을 '내가 만들어 냈다'는 알량한 자부심은 사라지고 무거운 책임만 남았다.

또 어릴 땐 기자나 PD가 그렇게 만든 콘텐츠로 세상을 바꾸는 사람인 줄 알았다. 지금도 그렇게 생각하지 않는 건 아니지만, 거울에 비친 내 모습은 세상에 해로운 일을 조금 덜 하려고 발버둥치는 생활인이다. 이슈와 이슈 사이에서 끊임없이 경중을 따지고 들며 말이다. 콘텐츠의 가장 큰 속성은 새로움이다. 이미 존재하는 이야기에서 하나라도 새로워야 가치 있다고 평가받는다. 이미 다룬 거잖아, 다른 데서 다 했잖아, 더 할 얘기가 있을까? 평소 입에 달고 사는 말이다. 나의 직업은 남에게 빚지고서 바로 떠나는 일의 반복이다. 그건 창작과도, 세상을 바꾸는 임무와도 거리가 멀다. 변화는 달라지지 않기 때문에 요구되는 숙제이기 때문이다.

그런 면에서 우리가 일할 때 가장 크게 빚지는 사람은 변함없이 한자리를 지키는 사람이다. 한 분야를 우직하게 파고드는 전문가 그리고 무엇보다 활동가들이다. 사람을 모으고 현장을 지키며 구체적인 인생과 함께하는 이들. 언젠가 언론사 기자를 그만두고 활동가로 전업해 비정규직 노동자와 매일 거리로 나서는 이의 인터뷰를 봤다. 그는 어릴 때 언론인이 조금은 양심을 지키면서 살 수 있는 직업이라 생각해 기자가 되었다고 했다. 그러다 활동가인 취재원을 알게 되었고, 세상을 '실제로' 바꿔 내는 모습에 충격을 받았다. 그는 커리어가 쌓일수록 월급이 줄었다. 그러나 "평범한 쫄보"들과 "매일매일 혁명을 하고 있다"고 했다.

경제적 자유를 부르짖으며 자본을 축적하는 데 생의 모든 기운을 쓰는 시대에 돈이 외면하는 곳을 지키는 사람들. 자꾸만 자극적인 이야기를 좇는 시대에 같은 이야기를 반복하는 사람들. 아이러니하게도 이것이야말로 무에서 유를 창조하는 행위에 가깝다. 어느 위대한 학자도 해답을 주지 못하는 비관 가득한 이 시대에 자그마한 답이 있다면, 오직 지치지 않고 조금씩 나아가는 이들에게 있다고 생각한다. 바로 그런 귀한 사람들을 만나 이야기를 주워 담을 수 있다는 사실이 일하면서 얻는 가장 큰 기쁨이다.

물론 콘텐츠를 만드는 과정에는 나만의 선택이 들어간다. "현실을 직시한다"는 씨리얼의 슬로건에서 '현실'이 결국 무엇이겠는가? 특정한 시선이고 관점이다. 어떤 인생을 보여 줄지, 어떤 질문을 할지, 어떤 각도에서 이야기를 풀어낼지 결정하는 과정 모두 '기존, 기성과는 조금 다른 선택'의 연속이다. 기득권에서 벗어나는 선택은 AI가 따라 하기 어렵다. AI가 모방할 수 있는 것은 패턴, 형식, 틀뿐이다. 다 기존의 것이다. AI는 삶을 살아 내지 않고, 가치를 선택하지 않는다. 목소리 없는 이들에게 직접 다가가 귀 기울이지 못한다.

AI 시대 인간에게는 그런 조금 다른 선택과 그 선택에 따라 감당할 노동이 남겠구나 생각한다. 이런 인생이, 이런 주제가 가치 있다고 생각하기 때문에 거기에 기꺼이 내 시간을 쓰기로 하는 것. 이러한 결정에 따라 충실히 노동하는 것. 오늘도 나는 누군가에게 빚을 진다. 그 빚을 안고 또 선택한다. 창작자라는 거장한 이름표보다는, 그저 조금 덜 해로운 쪽을 선택하려 애쓰는 사람. 그 정도로도 충분하지 않을까. AI가 따라 할 수 없는 게 뭐냐고 묻는다면, 글쎄. 아마 이렇게 망설이고 미적거리면서도 결국 나아가길 선택하는 이 서툰 과정 자체가 아닐까 싶다.

나오는 말
타인의 세계가 넓히는 나의 세계

  이 책을 쓰며 떠올린 독자의 형태는 홀로 책상에 앉아 '무엇에 대해 말하면 좋을까' 고민하고 있는 예비 콘텐츠 작업자의 실루엣이다. 씨리얼 10주년 크라우드펀딩을 마감하고 이 글을 쓰는 지금, "우리 그래도 이렇게는 만들 수 있지 않아?" 쉴 새 없이 꽁냥대며 씨리얼 채널을 개설했던 10년 전 동료들이 새삼스레 떠오른다. 서로의 존재 덕분에 우리는 게으른 완벽주의에서 벗어날 수 있었고, 조악하기 그지없던 결과물을 매번 조금씩 낫게 만들 수 있었다. 이 책이 누군가에게 그런 동료가 되었으면 하는 마음이다. 처음 쌓아

올리는 것은 누구나, 언제나 볼품없다. 하지만 운동할 때 상처내고 회복하는 방식으로 근육이 만들어지듯 일의 근육도 그렇다. 나중엔 스스로를 믿으며 일할 수 있게 될 테니, 우선 무엇이라도 만들어 보길 권한다.

그리고 나는 명민한 구석이 있는 당신이, 이왕이면 타인에 관한 콘텐츠를 만드는 작업에 동참했으면 한다. 유튜버 침착맨의 딸 소영이의 두고두고 회자되는 명언이 있다. "아빠, 다른 사람이 이기는 걸 좋아해 봐. 그럼 아빠도 행복할걸?" '내'가 아닌 '타인'이 이기는 걸 좋아하기로 한다니, 머리를 띵 얻어맞은 듯하다. 단어 하나로 완전히 다른 삶이 펼쳐질 것이라는 확신이 든다. 그렇다면 나는 이 말을 변형해서 제안해 보고 싶다. "여러분, 다른 사람에 주목하는 콘텐츠를 만들어 보세요. 그럼 행복해질걸요?"

타인을 알아 가는 과정은 그 자체로 즐겁다. 다른 관점에서 세상을 바라보는 법을 배우게 되고, 이야기를 듣고 담는 과정에서 나를 둘러싼 세계가 넓어지니까. 원래 나는 명확한 꿈을 가진 사람이 아니었다. 세상은 당신이 진짜로 하고 싶은 일을 찾아야 한다고 끊임없이 말하니, 그 말에 옭아매여만 있었다. 씨리얼에서 콘텐츠를 우당탕탕 만들기 시작하면서 그 강박에서 비로소 스르르 풀려났다. 특히 타인에 관한 콘텐츠 하나를 완결 지을 때마다 과거의 나보다 1mm는 나은 사람이 되었다고 느꼈다. 나아진다는 감각은 나를 자꾸만 더 나아가게 했다. 물론 책임은 따른다. 내 이야기를 편집하는 것과 타인의 이야기를 편집하는 것은 다른 차원의 작업이기 때문이다. 이런 책임감이 부담스럽게 느껴질 수도 있지만, 역설적으로 이 지점에서 콘텐츠 제작의 진짜 재미가 시작되기도 한다. 이 재미는 책을 다 읽은 독자라면 알게 될 것이다.

회사 한 구석에서 시작된 씨리얼이 팀이 되고, 걸맞은 직함이 생기기까지 든든한 뒷배가 되어 준 선배들께 감사하다. 모든 것은 선배들의 아낌 없는 지지와 노동 덕분이었다. 도성해, 박유진, 박종관, 김지수 선배에게 특히 깊은 고마움을 전하고 싶다. 그리고 씨리얼을 함께 만들어 왔고, 지금도 만들고 있는 동료들에게 무한한 존경과 애정을 보낸다. 마지막으로 얼굴 모를 씨리얼 독자 분들께, 부디 이 책이 조그마한 보답이 되었으면 한다.

뾰족하게 다정할 것

봐야 할 것을 보게 하는 채널, '씨리얼'이 일하는 법

2025년 12월 4일 초판 1쇄 발행

지은이 신혜림
펴낸이 조성웅
펴낸곳 도서출판 유유
등록 제406-2010-000032호(2010년 4월 2일)
주소 경기도 파주시 돌곶이길 180-38, 2층(우편번호 10881)
전화 031-946-6869 팩스 0303-3444-4645
홈페이지 uupress.co.kr 전자우편 uupress@gmail.com
페이스북 facebook.com/uupress
트위터 twitter.com/uu_press 인스타그램 instagram.com/uupress
편집 인수, 류현영
디자인 퍼머닛트 잉크
마케팅 전민영
제작 제이오
인쇄 (주)민언프린텍
제책 라정문화사
물류 책과일터

ISBN 979-11-6770-141-1 (03300)